Grass | Katz und Maus

Lektüreschlüssel XL

für Schülerinnen und Schüler

Günter Grass

Katz und Maus

Von Wolfgang Spreckelsen

Reclam

Dieser Lektüreschlüssel bezieht sich auf folgende Textausgabe:
Günter Grass: *Katz und Maus. Eine Novelle*. München: Deutscher
Taschenbuch Verlag, ²2015.

E-Book-Ausgaben finden Sie auf unserer Website
unter www.reclam.de/e-book

Lektüreschlüssel XL | Nr. 15519
2020 Philipp Reclam jun. Verlag GmbH,
Siemensstraße 32, 71254 Ditzingen
Druck und Bindung: Kösel GmbH & Co. KG,
Am Buchweg 1, 87452 Altusried-Krugzell
Printed in Germany 2020
RECLAM ist eine eingetragene Marke
der Philipp Reclam jun. GmbH & Co. KG, Stuttgart
ISBN 978-3-15-015519-6

Auch als E-Book erhältlich

www.reclam.de

Inhalt

Inhalt

1. Schnelleinstieg

Autor	Günter Grass (1927–2015)
Erscheinungsjahr	1961
Gattung	Novelle
Ort und Zeit der Handlung	Danzig während des Zweiten Weltkrieges
Aufbau	Entgegen dem klassischen Aufbau ist die Rahmenhandlung der Novelle in Form von Einschüben in die Binnenhandlung eingearbeitet. Die Novelle ist in 13 Kapitel unterteilt.
Erzählperspektive	Erzählt wird aus der Sicht von Mahlkes Freund, Pilenz, der auch der Erzähler der einige Jahre nach Kriegsende spielenden Rahmenhandlung ist. Deutlich erkennbar wird Pilenz als unzuverlässiger Erzähler, der nicht alles preisgibt, was er weiß. Dies gilt für die Binnen- wie auch, in eingeschränktem Maße, für die Rahmenhandlung.
Historischer Hintergrund	Das Geschehen der Binnenhandlung spielt sich vor dem Hintergrund des Zweiten Weltkrieges in Danzig ab, die Rahmenhandlung spielt ungefähr 1960.
Handlung	Joachim Mahlke, ein durch seinen übergroßen Adamsapfel auffallender Einzelgänger, versucht durch außergewöhnliche Leistungen und den Erwerb des Ritterkreuzes von seiner Besonderheit abzulenken. Von seinem Freund Pilenz wird er kurz vor Kriegsende in eine vermutlich tödliche Falle gelockt. Ungefähr fünfzehn Jahre später schreibt sich Pilenz die Erinnerungen von der Seele.

Abb. 1: Umschlag der 1961 erschienenen Erstausgabe von *Katz und Maus*. Die Grafik auf dem Umschlag stammt von Günter Grass selbst. – © Steidl Verlag, Göttingen 1993 (Erstausgabe bei Luchterhand Verlag: September 1961)

Unter einem Katz-und-Maus-Spiel lässt sich zweierlei verstehen. Zum einen ist es das Spiel des Starken mit dem Schwachen, des Jägers mit dem Gejagten. Der starke Jäger bleibt dem schwachen Gejagten auf den Fersen. Der Gejagte hat keine Möglichkeit, die Jagd durch einen Kampf zu beenden, auch an Geschwindigkeit ist ihm der Jäger weit voraus. Die Chancen der Maus sind daher gering und liegen in möglicher Begünstigung durch Situation oder Terrain. Aber auch das Tändeln der Katze mit der bereits gefangenen Maus ist das Spiel von Katze und Maus. So wie eine Katze die gerade gefangene Maus bisweilen nicht gleich tötet, sondern sie immer wieder scheinbar entkommen lässt, um sie dann, bevor sie weit genug gekommen ist, wieder einzufangen, ist die Situation Urbild für das Hinauszögern einer Entscheidung, die wegen der ungleichen Chancen von Anfang an kaum Zweifel an ihrem Ausgang lässt. Beiden Deutungen des Katz-und-Maus-Spiels ist eigen, dass es nur auf der Seite des Jägers im eigentlichen Sinne ein Spiel ist. Für die Katze geht es um einen Einsatz, den sie ständig vor Augen hat, für die Maus geht es um alles, ums Leben.

In der Literatur ist die Geschichte von Katze und Maus in der einen wie der anderen Ausprägung ein sehr altes Thema. Bereits die antiken Sagen berichten von Menschen, die sich den Launen der Götter ausgeliefert fühlen, und Göttern, die mit den ihnen ausgelieferten Menschen spielen. Die christliche Passionsgeschichte verfügt ebenfalls über den Aspekt der Aussichtslosigkeit eines Verfolgten. Sie ist ein besonders wichtiger Bezugstext für *Katz und Maus*. Später findet sich das Thema des ungleichen Kräfteverhältnisses in verschiedenen Fabelsammlungen, stets mit Verweisfunktion auf menschliches Leben und Erleben. Ein später Höhepunkt dieser Linie ist die kurze Erzählung *Kleine Fabel* aus Franz Kafkas Nachlass. Auch mit dieser knappsten Form einer Fabel ist ein wichtiger Prätext zur Grass-Novelle gegeben. Mit dem Titel *Katz und Maus* nennt Günter Grass sowohl den allgemeinen Topos als auch die literarische Tradition, in der er steht.

■ Die Stoff-geschichte

Die Novelle *Katz und Maus* von Günter Grass, erschienen 1961 in der Nachfolge der schon damals sehr berühmten *Blechtrommel*, ist ein Werk, das sehr schnell sowohl begeisterte als auch heftig ablehnende Reaktionen hervorgerufen hat. Sorgfältige Beschäftigung mit feineren Strukturen des Werkes in der Folge ergab, dass mit *Katz und Maus* ein auf verschiedenen Ebenen aussagekräftiges Buch vorlag. Noch heute kommt es zur Entdeckung neuer Aspekte der Novelle. Sie ist damit einerseits ein sehr zugängliches Werk, das sich gut liest und eine nachvollziehbare Geschichte erzählt, andererseits aber eine Herausforderung an eine anspruchsvolle Interpretation im Detail. Grass zeigt sich hier nicht nur als außergewöhnlicher Erzähler, sondern auch als Strukturkünstler und Meister der kurzen Form.

Der Lektüreschlüssel *Katz und Maus* ist keine in sich geschlossene Untersuchung der Novelle. Er will vielmehr den Zugang zu Form und Gehalt des Textes erschließen, indem er einerseits Zusatzinformationen zum Text liefert und ihn strukturieren hilft, zum anderen Deutungsvorschläge macht, die eine eigene Interpretation auf verschiedenen Ebenen erleichtert. Er beginnt mit einer Inhaltsangabe, eingeteilt nach der Abfolge der Kapitel. Darauf folgen kurze Darstellungen und Charakterisierungen der zentralen Figuren in der Novelle. Die sich anschließende Darstellung von Form und literarischer Technik zeigt Besonderheiten der formalen Struktur von *Katz und Maus* auf. Dort geht es vordringlich um den Novellencharakter des Werkes, aber auch um Möglichkeiten, das Werk zu gliedern und Schlüsselstellen aufzufinden. Das Kapi-

■ Grass als Strukturkünstler

■ Zum vorliegenden Lektüreschlüssel

tel 5 »Quellen und Kontexte« bietet Ansätze zu einer Einordnung des Werkes in die Stoffgeschichte und in sein literarisches wie geschichtliches Umfeld. Das Kapitel 6, »Interpretationsansätze«, bietet mehrere mögliche Zugänge zu einer Gesamtdeutung des Werkes an. Zwar hängen die einzelnen behandelten Aspekte miteinander zusammen, können aber getrennt voneinander verfolgt werden. Der nachfolgende Abschnitt »Autor und Zeit« erweitert den Informationshorizont und hilft, den Text sowohl dem Autor als auch dessen Gesamtwerk in seiner Zeit zuzuordnen. Daran schließt sich eine kürzere Darstellung der Reaktionen an, die die Novelle in der Öffentlichkeit hervorgerufen hat. Mit den Wort- und Sacherläuterungen endet der vornehmlich referierende Teil. Die sich anschließenden »Prüfungsaufgaben mit Lösungshinweisen« bieten einerseits Übungsmöglichkeiten typischer Prüfungsformate mit Lösungshilfen, andererseits formulieren sie Fragen zu vielen von den in diesem Band behandelten Aspekten des Werkes. Hier kann zum einen überprüft werden, wie erfolgreich die Lektüre gewesen ist, zum anderen versuchen einige der Fragen, das Leserinteresse auf Ungeklärtes in der Novelle zu lenken und so zur weiteren Beschäftigung mit einem reichhaltigen Text anzuregen. Anschließend finden sich einige Lektüretipps, die es ermöglichen, sich weitergehend und vertiefend über *Katz und Maus* sowie über Grass und sein Werk zu informieren. Abschließend sind einige der in dem Bändchen verwendeten Fachbegriffe angeführt und erklärt.

2. Inhaltsangabe

Die folgende Inhaltsangabe folgt dem Gang des Erzählens. Dieser weicht in manchen Fällen, besonders, wenn es um die Biographie und die Gedanken des Erzählers geht, aber auch im Falle der Eingangssequenz, von der zeitlichen Abfolge des Erzählten ab. Siehe hierzu auch das Kapitel 4: »Form und literarische Technik«. Darüber hinaus berücksichtigt der Überblick lediglich die Binnenhandlung. Die an verschiedenen Stellen eingefügten Partikel der Rahmenhandlung werden nicht erwähnt, da sie außerhalb des Geschehens liegen.

Vor den Resümees der einzelnen Kapitel sei eine Übersicht über die Haupthandlung gegeben.

■ Überblick   Der vierzehnjährige Joachim Mahlke aus Danzig leidet unter seinem überdimensionalen, während der Pubertät entstandenen Adamsapfel. Seine Versuche, die Umwelt von dieser Besonderheit abzulenken, führen dazu, dass er seine Schulfreunde in allen Aktivitäten zu übertreffen sucht und seinen Hals mit allerlei Auffälligkeiten behängt, um von seinem Makel abzulenken. Gleichzeitig schafft er sich Rückzugs- und Fluchträume in der Funkerbude eines untergegangenen Minensuchbootes ebenso wie in seiner ekstatischen Marienverehrung. Als effektivstes Mittel, Anerkennung zu gewinnen und von dem Adamsapfel abzulenken, bietet sich die höchste militärische Dekoration, das Ritterkreuz, an. Der Diebstahl eines solchen Ordens führt jedoch zum Schulverweis und verhindert, dass Mahlke, als er das Ritterkreuz später tatsächlich erhalten hat, an seiner alten Schule gefeiert wird. Er desertiert und ertrinkt wahrscheinlich bei dem Versuch, in sein altes Versteck auf dem Schiffswrack zu gelangen.

1. Kapitel

Die Novelle setzt ein mit einer Szene, die, wiewohl für den Verlauf der Handlung weniger bedeutend, Licht auf den Titel des Werkes wirft. Auf einem Schlagballfeld in Danzig beobachtet der Ich-Erzähler Pilenz, wie Joachim Mahlke, Protagonist des Werkes und Mitschüler des Erzählers, von einer jungen Katze angegriffen wird. Mahlkes auffallend großer Adamsapfel »wurde der Katze zur Maus« (S. 5). Die Szene liegt zeitlich später als der Beginn der Handlung, sie findet statt, »als Mahlke schon schwimmen konnte« (S. 5), wahrscheinlich im Sommer 1940. Unklar bleibt der Anteil des Erzählers an dem Vorfall, auf den der Handlungsverlauf wiederholt zurückkommt.

■ Die Maus

Die Handlung beginnt chronologisch 1939, als Joachim Mahlke im Alter von vierzehn Jahren als unauffälliger, kränklicher Schüler weder schwimmen noch Rad fahren kann. Er lernt es schnell und verbissen, um mit den anderen Jungen zu einem teilweise aus dem Wasser ragenden Wrack eines Minensuchbootes schwimmen zu können. Dort taucht er mit den anderen um die Wette, um aus den unter Wasser liegenden Schiffsbereichen Einzelteile zu bergen.

2. Kapitel

■ Mahlkes
Herkunft
und Um-
gebung

Im zweiten Kapitel werden im Rückblick Mahlkes Herkunft und sein Umfeld beschrieben. Er wohnt mit der verwitweten Mutter und deren älterer Schwester im Danziger Vorort Langfuhr in einem Haus auf der Osterzeile 24, nicht weit von der Wohnung Pilenz'. Mahlkes Zimmer enthält Hinweise auf seinen Katholizismus sowie zahlreiche Beutestücke aus dem Minensuchboot, zum Beispiel ein komplettes Grammophon, aber auch eine polnische Marienmedaille aus Silber.

Im Gymnasium, dem Conradinum, gilt Mahlke als guter Schüler, ohne Streber zu sein. Die Anerkennung, die er bei seinen Mitschülern genießt, scheint er selbst nicht zu bemerken. Aus dem Jungvolk wird er entfernt, nachdem er sich geweigert hat, zur Zeit der Messe Dienst zu tun. In der Hitlerjugend gelingt es ihm, unauffällig, nahezu unsichtbar zu bleiben. Seinen Mitschülern bleibt er weiterhin rätselhaft.

Sodann wird die Vorgeschichte des Wracks erzählt, auf dem sich die Protagonisten häufig aufhalten. Es handelt sich um die »Rybitwa«, ein polnisches Minensuchboot, das nach seiner Erbeutung im Herbst 1939 beim Abschleppen aus ungeklärten Gründen abgesackt war.

3. Kapitel

Auf dem Wrack finden unter den pubertierenden Jungen auch Wettkämpfe im Onanieren statt, an denen sich Mahlke nicht beteiligt. Nur einmal, provoziert von Tulla Pokriefke, dem einzigen Mädchen der Gruppe, stellt er auch hier alle Mitschüler in den Schatten. Dabei interessiert er sich keineswegs für Tulla, sondern reagiert auf die hartnäckigen Aufforderungen, sich am Wettkampf zu beteiligen.

Am Ende des Kapitels versucht der Erzähler, aus der Erinnerung ein Porträt Mahlkes zu rekonstruieren. ■ Porträt Trotz der Hinzuziehung von Erinnerungen der anderen Mitschüler bleibt das Gesicht Mahlkes unscharf: »Behelfsmäßig wurden wir uns einig« (S. 38). Mahlke selbst hatte auf Versuche, sein Gesicht öffentlich darzustellen, empfindlich reagiert: Karel, der ihn an der Tafel skizziert hatte, wurde von dem ansonsten friedlichen Mahlke niedergeschlagen.

■ Porträt Mahlkes

4. Kapitel

Im Winter 1941/42 ruft Mahlke, ohne es darauf anzulegen, einen Modetrend ins Leben, als er beginnt, eine Art Fliege aus Wollbällchen an einer Wollschnur zu tragen, die »Puscheln«. Bald wird er von anderen Schülern imitiert, und eine über Danzig hinausgehende »Puscheln«-Mode entsteht.

■ Mahlkes »Puscheln«-Mode

Im gleichen Winter kommen zwei Cousinen des Erzählers aus Berlin zu Besuch, denen das eingefrorene Minensuchboot vorgeführt werden soll. Mahlke ist schon auf dem Wrack, damit beschäftigt, den im Sommer zum Tauchen benutzten Lukendeckel freizulegen. Am nächsten Tag kommt der Erzähler noch einmal zum Wrack, um festzustellen, dass Mahlke tatsächlich das Eisloch exakt an der Stelle ausgehöhlt hat, wo der Lukendeckel unter dem Eis liegt.

Schließlich wird von einer Gemeinsamkeit des Erzählers und Mahlkes berichtet, sie beide sind Ministranten an der Herz-Jesu-Kirche, Mahlke stets intensiv betend, der Erzähler stets Mahlke beobachtend.

5. Kapitel

■ Luftkampf-Vortrag

Unvermittelt kommt ein ehemaliger Schüler ans Gymnasium zurück, um von seinen Erlebnissen an der Front zu berichten. Mahlke hört seinem Vortrag und den Schilderungen von Luftkämpfen aufmerksam zu. Erst spät wird dem Erzähler klar, dass Mahlke vor allem das Ritterkreuz des jungen Leutnants in Bann zieht. Die Puscheln trägt Mahlke von da an nicht mehr, stattdessen aber Leuchtplaketten und Leuchtknöpfe.

6. Kapitel

Im folgenden Sommer hat Mahlke offenbar jedes Interesse am Tauchen verloren. Die Tertianer haben das Wrack entdeckt und bevölkern es. Bei der Rettung eines der Tertianer findet Mahlke den Zugang zur

Funkerkabine des Schiffs, die teilweise über dem Was-
serspiegel liegt. Er richtet sich diesen für alle Freunde
unerreichbaren Raum mit persönlichen Gegenstän-
den, vor allem aber mit Mariendevotionalien ein.

■ Mahlkes
Funker-
kabine

7. Kapitel

Im gleichen Sommer besucht ein weiterer ehemaliger
Schüler und Ritterkreuzträger, ein U-Boot-Komman-
dant, die Schule, um einen Vortrag zu halten. Mahlke
ist sofort wieder im Bann des offen getragenen Ritterkreuzes. In der anschließenden Sportstunde, bei der
der Kapitänleutnant mitturnt, wird das Ritterkreuz
aus der Umkleidekabine gestohlen. Pilenz vermutet
sogleich, dass Mahlke der Dieb ist. Die sofort anbe-
raumte Untersuchung aber führt zu nichts.

■ Mahlke und
das Ritter-
kreuz

8. Kapitel

Am nächsten Tag sucht Pilenz Mahlke auf dem Minensuchboot auf. Mahlke hat tatsächlich das Ritterkreuz bei sich. Zum ersten Mal wirkt er, der sonst
stets angespannt und verkrampft ist, gelöst und ruhig.
Pilenz rät ihm, den Orden in der Funkerkabine zu
verstecken, Mahlke aber beschließt, sich dem Direktor der Schule, Oberstudienrat Klohse, zu stellen. Er
wird der Schule verwiesen und besucht von da an die
Horst-Wessel-Oberschule.

■ Schul-
verweis
Mahlkes

In diesem Kapitel wird, neben der eigentlichen Novellenhandlung, einiges mehr über den Erzähler Pi-

lenz berichtet. Nach dem Krieg ist er Sekretär im Kolpinghaus geworden, wo er, angeregt durch den Franziskanerpater Alban, Mahlkes Geschichte aufschreibt.

9. Kapitel

In den großen Ferien fehlt von Mahlke jede Spur, da er sich in ein Wehrertüchtigungslager gemeldet hat. Pilenz trifft ihn nach den Ferien redselig und gelöst beim wieder aufgenommenen Ministrantendienst in der Marienkapelle. Am dritten Advent besucht Pilenz Mahlke bei seiner Familie und bekommt Einblick in die Lebensgeschichte des 1934 verstorbenen Vaters.

■ Mahlkes Familie

10. Kapitel

Anfang 1943 wird Pilenz Luftwaffenhelfer in Brösen-Glettkau bei Danzig. Mahlke ist nach einem Notabitur in den Reichsarbeitsdienst eingezogen worden, den er auf der Tuchler Heide ableistet. Zufällig begegnen sie sich in Oliva, dann sehen sie sich ein Jahr lang nicht. Auskunft geben nur Briefe über Mahlkes religiöse Gedanken und seine militärischen Erfolge.

■ Arbeitsdienst Mahlkes

11. Kapitel

Pilenz wird im Frühjahr ebenfalls zum Reichsarbeitsdienst eingezogen und folgt auch hierin Mahlke, dessen Hinterlassenschaft im Ausbildungslager auf der Tuchler Heide er in Form einer lateinischen Inschrift

■ Pilenz folgt Mahlke

auf der Latrine findet und entfernt. Mahlke hat während seiner militärischen Dienstzeit ein Waffendepot der Partisanen entdeckt und ist für einen kleineren Orden vorgeschlagen worden. Als Pilenz' Dienstzeit beinahe um ist, kommen die ersten Meldungen über zahlreiche Panzerabschüsse Mahlkes.

12. Kapitel

Nach dem Abschluss seiner Dienstzeit kehrt auch Pilenz nach Danzig zurück. Im Conradinum trifft er auf Mahlke, der mit seinem neuen Ritterkreuz gekommen ist, vor den Schülern seinen Erlebnisvortrag zu halten. Oberstudienrat Klohse aber lehnt den Vortrag aufgrund des Diebstahls, der damals zu Mahlkes Schulausschluss geführt hatte, ab. Von einem anderen Vortragsort will Mahlke nichts wissen. Dagegen lauert er eines Nachts Klohse auf und ohrfeigt ihn. In der gleichen Nacht glauben Pilenz und Mahlke Tulla Pokriefke zu sehen, die als Straßenbahnschaffnerin arbeitet. Schließlich verschwindet Mahlke, nachdem er seine Urlaubszeit überschritten hat.

■ Mahlke mit Ritterkreuz

13. Kapitel

Am nächsten Morgen treffen sich Mahlke und Pilenz wieder in der Kirche. Mahlke will desertieren. Er beschließt, sich in seiner Funkerbude auf dem Minensuchboot zu verstecken. Pilenz rudert ihn zum Wrack hinüber. Mahlke taucht und verschwindet damit aus

■ Mahlkes Ende

der Novellenhandlung. Pilenz hebt den Fuß von einem Dosenöffner, den Mahlke neben einigen Konserven mit auf das Boot nehmen wollte, und wirft ihn ins Wasser. Auch kehrt er nicht, wie vereinbart, am selben Abend zum Suchboot zurück. Als Erzähler, der aus einem Abstand von etwa 15 Jahren berichtet, bringt Pilenz nach dem Verschwinden Mahlkes große Teile seiner Zeit mit der Suche nach ihm zu, ohne ihn wiederzufinden.

3. Figuren

Abb. 2: Umschlag der 2003 erschienenen Studienausgabe von *Katz und Maus*. Die Grafik auf dem Umschlag zeigt Mahlke mit umgehängtem Ritterkreuz und wurde von Grass selbst gestaltet. – © Steidl Verlag, Göttingen 1993/2003

Joachim Mahlke

Der Held der Novelle ist ein Junge aus Danzig, der zu Beginn der Novelle mit Mutter und Tante zusammen in einem Siedlungshaus in Danzig-Langfuhr lebt. Sein Vater, ein Eisenbahner, ist vor Einsetzen der Novellenhandlung bei dem Versuch ums Leben gekommen, einen Eisenbahnunfall zu verhindern. In der Schule ist Mahlke bewunderter wie belachter Außenseiter, der seinen Mitschülern ein beständiges Rätsel bleibt. Auf jedem erdenklichen Gebiet versteht er es, seine Mitschüler zu überflügeln, jedoch nie auf entspannt-souveräne Weise, sondern stets verkrampft und angestrengt. Äußerlich fällt vor allem sein übergroßer Adamsapfel auf. Diesen, wie seine gesamte Person, bemüht er sich der allgemeinen Aufmerksamkeit zu entziehen. Dabei versucht er nicht so sehr, den Adamsapfel zu verbergen. Er lenkt vielmehr von ihm ab, indem er auffällige oder auffälligere Dinge in dessen Nähe bringt, wie zum Beispiel den englischen Schraubenzieher, die Puscheln oder am Ende das Ritterkreuz. Sein Streben gilt jedoch nicht nur der Unauffälligkeit, sondern, wie sich an seinem Wunsch nach einem eigenen Vortrag am Conradinum zeigt, persönlicher Anerkennung, in jedem Fall aber der Abwendung von wie immer gearteter Verfolgung.

■ Außenseiter Mahlke

Der Ich-Erzähler

Diese Figur wird nicht, wie Mahlke, in expliziten Beschreibungen eingeführt. Obwohl er ständig präsent ist, ist seine Charakterisierung auf Rückschlüsse angewiesen. So erfährt man in der gesamten Novelle nur den Nachnamen des Erzählers, Pilenz, diesen auch erst im achten Kapitel und mit dem Zusatz: »was tut mein Vorname zur Sache« (S. 86). Die meisten Angaben zu seiner Person sind solche, die in Beziehung zu Mahlke stehen. So ist er Mitschüler von Joachim Mahlke und, da dieser spät eingeschult worden ist, ein Jahr jünger als er. Vor allem aber ist er sein ständiger Beobachter, jedoch nicht nur Beobachter, sondern auch Initiator seines Schicksals: Indem er die Katze des Platzwarts auf den Adamsapfel Mahlkes hetzt, bringt er gewissermaßen die erzählte Geschichte in Gang. So versteht er sich auch als mit Mahlke verbunden und zuständig für diesen und sein Schicksal. Seine Beziehung zu Mahlke und dessen Geschichte ist einerseits von schlechtem Gewissen geprägt, andererseits aber von einer, nur in Andeutungen erkennbaren und von ihm selbst bekämpften, homoerotischen Neigung zu diesem. Pilenz spielt in der Novelle eine Doppelrolle, einerseits als Biograph und Beobachter Mahlkes, andererseits als Protagonist seiner eigenen Geschichte.[1]

■ Pilenz' Doppelrolle

1 Zu dieser Doppelung siehe auch den Abschnitt »Die zwei Geschichten« in Kapitel 6 dieses Lektüreschlüssels, S. 57–59.

Tulla Pokriefke

Tulla ist das einzige Mädchen in der Gruppe auf dem gestrandeten Minensuchboot und eine der wenigen weiblichen Charaktere der Novelle. Sie ist Einzelgängerin und Ausnahmefigur; keine Frau kommt Mahlke jemals näher als Tulla, doch auch sein Verhältnis zu ihr »zählt nicht« (S. 32). Sie hingegen ist von ihm fasziniert, ähnlich wie seine Mitschüler. Als er nach seinem Wechsel zur Horst-Wessel-Oberschule nicht mehr zum Schiffswrack kommt, fehlt von da an auch Tulla. Sie wird insgesamt als wenig weiblich beschrieben, »ein Spirkel mit Strichbeinen«, und »hätte genausogut ein Junge sein können« (S. 32), aber, so Pilenz, »uns allen saß Tulla als Splitter im Fleisch«. Für Mahlke, der eine intensive Marienverehrung lebt, stellt Tulla, die beharrlich als Verführerin oder gar personifizierte Verführung beschrieben wird, einen Gegenpol zur Jungfrau Maria dar. Durch ihre androgyne Erscheinung ebenso wie durch ihre auffällige Beherrschung des Wassers wird sie in die Nähe romantischer Naturwesen wie der Nixen und Undinen gerückt. »Eigentlich hätte sie Schwimmhäute zwischen den Zehen haben müssen« (S. 33), bemerkt Pilenz.

■ Einzel-
  gängerin

■ Verführerin

Oberstudienrat Waldemar Klohse

Klohse ist Lehrer für Mathematik und Direktor des Conradinums. Er ist am Gymnasium oberste Instanz und, wie sich am Ende herausstellt, unüberwindliches Hindernis für die Erfüllung von Mahlkes Wunsch nach Anerkennung. Seine Sprechweise ist durch die Verwendung von propagandistischen Sprachhülsen und formelhaften Literaturzitaten geprägt, was ihn als mechanisch funktionierenden Mitläufer und Unterstützer des nationalsozialistischen Systems wie des humanistisch geprägten Schulmechanismus ausweist. Er ist so vollständig in seine schulische und bürgerliche Umgebung eingepasst, dass er in seiner auffälligen Unterschiedslosigkeit zu dem Platz, den er einnimmt, eine Art Gegenrolle zu Tulla Pokriefke spielt, die überall Ausnahme und Außenseiterin ist.

■ Angepasster Nationalsozialist

Hochwürden Gusewski

Der Priester der Marienkapelle, bei dem Pilenz jahrelang Ministrantendienste tut, greift in das eigentliche Geschehen kaum ein. Auch ist er keine auffällige Erscheinung. »Insgesamt war er ein Priester wie hundert andere« (S. 96), charakterisiert ihn Pilenz. Er zeigt sich als Opportunist seiner Zeit, indem er 1940 einen Antrag auf Namensänderung vom slawischen Gusewski zu einem germanischeren Gusewing stellt, hierin durchaus mit vielen seiner Zeitgenossen im Einklang. Allerdings zeigt er auch einige der Erwähnung werte

Verhaltensweisen und Eigenschaften, die ihn für Mahlke und fast noch mehr für Pilenz zur wichtigen Person machen. So spricht niemand mit mehr Verständnis und Interesse für Mahlke als der Priester. Seine Homosexualität, die für Pilenz bereits im Alter von dreizehn Jahren offensichtlich ist, entfernt ihn von der Masse der Danziger im Dritten Reich. Für Pilenz ist er eine von zwei Vertrauenspersonen, die auffälligerweise beide Geistliche sind. Die zweite ist der Franziskanerpater Alban, der später Pilenz zur Niederschrift seiner Geschichte rät und ihn somit zum Erzähler macht.

■ Vertrauens-
person für
Pilenz

Studienrat Mallenbrandt

Studienrat Mallenbrandt ist in mehrfacher Hinsicht ein Dazwischenstehender. Er ist einerseits Vertreter der bestehenden Ordnung, andererseits aber führt er »bis ins zweite Kriegsjahr« (S. 12) einen katholischen Arbeiter-Turnverein, was eine sich den staatlichen Zielen widersetzende Haltung zeigt. Sein Beharren auf der unverletzten eigenen Autorität wird vor allem in der Untersuchung deutlich, die er nach dem Diebstahl des Ritterkreuzes anstellt. Sehr schnell geht es ihm nicht mehr um Aufklärung und Wiederbeschaffung des Kreuzes als vielmehr um die Durchsetzung seines Herrschaftsanspruchs. Sein ganzes Wesen ist auf die Einhaltung von Regeln gerichtet. So ist er berühmt, »weil er ein richtungweisendes Regelbuch für das Schlagballspiel« (S. 12) geschrieben hat.

■ Autorität
und Regel

Studienrat Oswald Brunies

Der Deutschlehrer Brunies steht beispielhaft für eine unauffällige Existenz unter dem Nationalsozialismus, die als keineswegs exotisch angesehen werden muss. Er ist »ein ausgedienter Studienrat, den sie während des Krieges wieder hinters Katheder gestellt« (S. 41) haben. Sein Lieblingsdichter ist Eichendorff, mit dem er weite Teile seines Unterrichtes bestreitet. Dem Nationalsozialismus steht er fern, und Anordnungen von oben trägt er bisweilen nicht mit, wie zum Beispiel die Durchsetzung des Puscheln-Verbots an der Schule. Dabei ist er aber kein entschiedener Regime-gegner. Dass er später dennoch verhaftet wird und im Konzentrationslager Stutthof endet, liegt wahrscheinlich nicht an politischer Betätigung, obwohl er Freimaurer ist, sondern an seiner Angewohnheit, für Schüler bestimmte Vitamintabletten zu unterschlagen und selber zu lutschen. Brunies ist exemplarisch für einen bestimmten Typ Lehrer unter dem Nationalsozialismus, nicht nur in seiner Ausrichtung auf Schöngeistiges und seiner Harmlosigkeit, er ist in seiner kindlichen und öffentlich gewordenen Naschhaftigkeit auch Beispiel für ein vollständiges Versagen von Erziehern in ihrer Vorbildfunktion. Zwar hofft Pilenz nach der Verhaftung des Lehrers, »nicht gegen ihn ausgesagt zu haben« (S. 41f.), Respekt aber verspürt er keinen: »Süß verklebt kam sein Altmännernuscheln vom Katheder« (S. 91). Negativ fungiert er allerdings doch als eine Art Vorbild, indem er als Ers-

■ Mitläufer-tum

ter am Conradinum einen Diebstahl begeht, eben den der Vitamintabletten, der später, nicht aber von Direktor Klohse, geahndet wird. Motivisch bereitet er damit Mahlkes Tat vor. Auch ist er der Lehrer, der, indem er nach Mahlkes Berufswünschen fragt (S. 20), Interesse für dessen Zukunft zeigt.

Pater Alban

Der Franziskanerpater Alban ist die einzige Person, die nur im Erzählrahmen in Erscheinung tritt. Pilenz ist ihm in dem Kolpinghaus begegnet, in dem er nach dem Krieg eine Sekretärsstelle innehat und das ihm Zuflucht geworden ist. Er erinnert in mancher Beziehung an Hochwürden Gusewski, den Geistlichen der Novellenhandlung. Wenn Gusewski als »gläubig mit Einschränkungen« (S. 96) bezeichnet wird, so heißt es von Pater Alban, er sei ein »halbwegs gläubiger Franziskaner« (S. 86). Alban ist für Pilenz häufiger Gesprächspartner und gewissermaßen Beichtvater, so wie es Gusewski für Mahlke offiziell gewesen ist. Mit seinem Ratschlag an Pilenz, sich die ganze Geschichte doch vom Leib zu schreiben, fordert er den Erzähler einerseits zur Beichte auf, andererseits bietet er ihm mit dem erleichternden Schreiben eine Therapie seines Leids an. Schließlich ist er mit der gleichen Äußerung auch noch der Initiator der Novelle. Von seiner Person aber wird kaum etwas bekannt. So ist er stärker Funktion als Romanfigur.

■ Initiator der Novelle

Mahlkes Familie

Mahlkes Mutter und seine Tante sind in ihrer Hilflo-
sigkeit und ihrer Verkennung wichtiger Umstände einerseits Teilursache für die Isolation Mahlkes, andererseits stehen sie exemplarisch für von Grass selber
so erlebte Teile der Bevölkerung, die in ihrer Ahnungslosigkeit das System des Nationalsozialismus
bis zum Ende mittragen halfen, obwohl sie ihm insgesamt indifferent bis ablehnend gegenüberstanden.
Im Hause Mahlke wird nicht gehungert, was der Hilfe
der Verwandten auf dem Lande zuzuschreiben ist. Ihre Kenntnis von Vorgängen und Zusammenhängen
außerhalb ihrer Erfahrungswelt ist sehr begrenzt. So
muss ihnen Mahlke, dessen Autorität sie schon in
sehr jungen Jahren rückhaltlos anerkennen, die einzelnen Kriegsschauplätze und das dortige Geschehen
erklären. Das Ausmaß der Ahnungslosigkeit offenbart sich bei der Lektüre von Mahlkes Feldpostbriefen. Angesichts der Einteilung Mahlkes zu den Pan-
zertruppen meint die Tante: »Da wird ä nu wohl je-
schitzter sain als bai de Infantrie, och bai Rejenwättä.«
(S. 111)

■ Naive Volks-
genossen

Frau Pilenz

Auch Frau Pilenz muss sich ohne ihren Mann behel-
fen; der ist im Krieg und nur in Feldpostbriefen präsent. Das führt zu einer langen und vielfältigen Abfolge von offen ausgelebten außerehelichen Bezie-

hungen mit Vertretern sämtlicher Waffengattungen. Für Pilenz' gefallenen Bruder hat sie auf dem Buffet »etwas Altarähnliches« (S. 114) aufgebaut. Pilenz, der sich sehr vernachlässigt fühlt, spricht im Zusammenhang mit seiner Mutter und ihrer zur Schau getragenen Trauer zynisch von »illustriertenseliger Gemütlichkeit« (S. 114). Auch Frau Pilenz ist in mehrfacher Hinsicht exemplarisch für die Lebenswirklichkeit

Witwe Pilenz

der letzten Kriegsjahre. Dazu gehörten der vaterlose Haushalt und die Männerbekanntschaften ebenso wie die Bewältigung von Trauer durch deren Ausleben in quasireligiösen Arrangements von Erinnerungs- und Gedenkstücken.

4. Form und literarische Technik

Katz und Maus gibt bereits im Titel mit der Bezeichnung »Eine Novelle« Auskunft über den inneren Aufbau des Werkes. Zu einer Zeit verfasst, als die Zeit der Novelle eigentlich schon vorbei zu sein scheint, ist die ausdrückliche Zuordnung zu dieser literarischen Gattung umso auffallender. Es ist also sinnvoll, den Aufbau von *Katz und Maus* vor dem Hintergrund der Gattungszuordnung zu betrachten. Hierzu sollen zunächst kurz die Grundeigenschaften der Erzählform Novelle umrissen werden.

Die Novelle

Seit der italienischen Renaissance ist unter dem Namen *novella* eine kürzere Erzählung, zumeist in Prosa, bekannt, die bestimmten Anforderungen genügt. So verfolgt die Novelle im Gegensatz zum Roman nur einen Handlungsstrang, diesen aber geradlinig und auf ein Ziel zulaufend. Die Länge der Novelle lässt sich nicht idealtypisch festschreiben, im Allgemeinen bewegt sie sich zwischen Kurzgeschichte und Roman. ■ Gattungs-
Goethe definiert die Novelle 1827 in einem Gespräch geschichte
mit Eckermann als »eine sich ereignete unerhörte Begebenheit«. Er legt damit den Schwerpunkt auf das Neue und Ungewöhnliche, von dem die Novelle erzählt, aber auch auf das Tatsächliche, das in der »Begebenheit« liegt. Damit ist nicht gemeint, dass das Erzählte wirklich geschehen ist, es ist eine realistische

Plausibilität gemeint, die die Novelle vom Märchen, der Legende und der Gruselgeschichte abgrenzt.

Storm, der die Novelle »Schwester des Dramas« nennt, betont einen anderen Aspekt, den des dramatischen Aufbaus der Novelle. Insbesondere der in der Novelle auffindbare Wendepunkt der Handlung mit der damit verbundenen auf- und absteigenden Linie der Handlungsentwicklung entspricht sehr weitgehend der geschlossenen Form des klassischen Dramas mit dem dramatischen Höhepunkt im dritten Akt. Häufig ist auch zu beobachten, dass das erste Kapitel einer Novelle die Funktion einer Exposition übernimmt und somit eine Art von erstem Akt bildet.

Kennzeichen der Novelle ist auch fast stets ein Handlungsrahmen, der ihr Legitimation gibt, indem geklärt wird, wie und warum es zum Berichten der Begebenheit gekommen ist. Der Erzähler klärt seine häufig krisenhafte Verbindung zum Erzählten. In dem Erzählrahmen zeigt sich außerdem häufig ein Reflex der Gattungsherkunft: Die ersten Novellensammlungen – wie z. B. das *Decamerone* Boccaccios – fingierten eine Situation, in der in einer Gesellschaft reihum Geschichten erzählt werden. Dieser gesellige Aspekt der Novelle spiegelt sich im Erzählrahmen, der zwischen Erzählung und Leser vermittelt.

Sehr häufig weist die Novelle, schon in ihren frühesten Formen, ein weiteres Merkmal auf, das Leitmotiv. Hierbei handelt es sich um einen Gegenstand, einen Begriff oder ein Motiv, das unverändert oder variiert an verschiedenen Stellen im Text auftaucht.

■ Verwandtschaft Novelle – Drama

■ Die Rahmenhandlung

■ Leitmotiv (»Falke«)

Das Motiv ist inhaltlich wie strukturell wirksam und kann die einzelne Novelle stark bestimmen. Dies ist in *Katz und Maus* in besonderem Maße der Fall. Paul Heyse, der das Leitmotiv in Anlehnung an Boccaccios Falkennovelle einen »Falken« nannte, spricht von einem notwendigen zweimaligen Auftauchen des Leitmotivs in der Novelle.

Die »unerhörte Begebenheit«

Was ist das Unerhörte, das Besondere an der in *Katz und Maus* erzählten Geschichte? Als eine auffällige Begebenheit kann Mahlkes Verschwinden am Ende der Geschichte angesehen werden. Es ist dem Erzähler Pilenz so unverständlich, dass er noch Jahre nach Kriegsende nicht aufgehört hat, nach seinem Jugendfreund zu suchen. Aber auch andere als Pilenz äußern sich zu dieser Frage. »Unerhörtes habe sich zugetragen« (S. 92), kommentiert Oberstudienrat Klohse den Diebstahl Mahlkes und zeigt sich so als Vertreter und Teil äußerer Ordnung, dem die Zerstörung der Ordnung und der Bruch der Regeln als das Unerhörte schlechthin vorkommen müssen. Er markiert hiermit den Diebstahl des Ritterkreuzes als einen zentralen Punkt im Ablauf des Geschehens (siehe hierzu auch den folgenden Abschnitt »Die Handlungsstruktur«). Gleichzeitig zitiert er die Goethe'sche Definition der Novelle und bestätigt damit, dass es sich hier um Unerhörtes im Sinne von Erzählwürdigem handelt.

■ Was ist das »Unerhörte«?

Die Handlungsstruktur

■ Der
Spannungs-
bogen

Katz und Maus ist insofern in idealtypischer Weise eine Novelle, als das Werk deutlich die drei Hauptteile der geforderten Handlungsstruktur aufweist: aufsteigende Handlung, Wendepunkt, absteigende Handlung. Dazu kommt, dass das erste Kapitel in Form einer Exposition arbeitet. Es wird der Protagonist Mahlke eingeführt, ebenso der allgemeine Schauplatz Danzig wie der besondere, zentrale, mit dem Minensuchboot »Rybitwa«. Es bietet sich an, als Wendepunkt den Diebstahl des Ritterkreuzes in der Umkleidekabine der Turnhalle anzusehen. Bis dahin war alles, was Mahlke sich um den Hals hängte, Symbol eines Zugewinns an Ansehen, Zeichen seines Aufstiegs. Der Vorfall in der Turnhalle aber verändert die Entwicklungsrichtung mit einem Mal und leitet den Abstieg ein. Mahlke verschwindet mehr und mehr aus dem Gesichtsfeld des Erzählers, bis er, am Ende der Novelle, buchstäblich untertaucht und unsichtbar wird. Hier verwirklicht sich die Ideallinie der dramenverwandten Novelle. Allerdings ließe sich der Knick in Mahlkes Geschichte auch an der Stelle seiner Auseinandersetzung mit Klohse setzen. Neben der einen Geschichte vom Versuch Mahlkes, unauffällig zu bleiben und anerkannt zu werden, werden weitere erzählt. Die des Erzählers Pilenz, zum Beispiel, folgt einer ganz anderen Linie. Man kann ihn als einen Schuldigen begreifen, der von der anfänglichen Szene an immer tiefer in seiner Verstrickung versinkt, und somit diese Linie als eine von Beginn an stetig abfallende mit dem Wendepunkt in der ersten Szene ansehen.

Für jede der geschilderten Sichtweisen auf die Novelle lässt sich eine Verlaufskurve zeichnen, die Auskunft darüber gibt, wessen Geschichte unter welchem Aspekt man für die zentrale ansieht. *Katz und Maus* verfügt also durchaus über die typische Novellenstruktur der geschlossenen Form, über diese aber in mehrfacher Weise.

Der Erzählrahmen

Im *Decamerone* Boccaccios, einem der Initialwerke der Novellenliteratur, findet sich eine vornehme Gesellschaft in einem abgelegenen Schloss zusammen, um der im Lande grassierenden Pest zu entkommen. Um sich die Zeit zu vertreiben, erzählen sich die Anwesenden Geschichten, die sie »novelle« nennen. Von einer solchen Erzählsituation hat sich Pilenz, der die Geschichte des großen Mahlke erzählt, weit entfernt. Er ist, im Gegensatz zu den Erzählerfiguren Boccaccios, selbst Teil der Geschichte, die er vorgibt zu beherrschen. Auch ist das Ziel seines Erzählens keineswegs der Zeitvertreib. Er ist vielmehr verzweifelt bemüht, sich sein schlechtes Gewissen vom Leibe zu schreiben und seinen Anteil an Mahlkes Untergang klein zu halten: »Aber ich schreibe, denn das muß weg« (S. 89), begründet er seinen Bericht. Genau dies aber, sich mittels des verharmlosenden Berichts reinzuwaschen, gelingt Pilenz nicht. Die Geschichte von der

■ Erzählerfigur und Erzählmotivation

Katze, die er einmal auf Mahlkes Adamsapfel, die Maus, gehetzt hat, taucht in der Novelle immer wieder auf und erzählt sich gewissermaßen gegen den Willen des Erzählers Pilenz. »Gibt es Geschichten, die aufhören können?« (S. 113), fragt er sich selbst sogar, als es ihm nicht einmal gelingt, seine eigene Erzählung zu beenden.

■ Das Selbst-
verständnis
des Erzäh-
lers

Katz und Maus verfügt also über einen Erzählrahmen mit erfundenem Erzähler und erfüllt so die Anforderungen der literarischen Gattung Novelle. Im Gegensatz aber nicht nur zu den frühen, sondern noch zu vielen realistischen Novellen des 19. Jahrhunderts ist hier der Erzähler selbst in die Geschichte verstrickt und versucht vergeblich, ihrer Herr zu werden.

■ Weiterent-
wicklung
der tradi-
tionellen
Erzähler-
figur

Formaler Ausdruck der Verstrickung ist die, in traditionellen Novellen eher seltene, Vermengung der Erzählebenen. Bereits erwähnt wurde das Aufbrechen der Chronologie im Erzählten durch die Voranstellung der Szene auf dem Sportplatz. Eine solche Hervorhebung einer oder mehrerer Situationen ist prinzipiell nichts Ungewöhnliches. Auffällig und beinahe störend dagegen ist die Angewohnheit des Erzählers, häufig Einzelheiten aus der Gegenwart des Erzählens in die Handlung einfließen zu lassen. So erfährt man unvermittelt von den Gründen für sein Schreiben, seinem Leben im Kolpinghaus, seinen Gesprächen mit dem Franziskanerpater Alban, ja sogar von einer Ausstellung des Kolpinghauses mit dem Titel »Kinder unserer Pfarre malen den Sommer« (S. 85). Zu dieser Vermengung von Erzählebenen gehört auch der ständige Wechsel seines Blickes auf Mahlke. Dieser ist ihm in schnellem Wechsel einmal Gegenstand der Beschreibung, ein andermal mit »Du« angesprochener Gesprächspartner. So ist die Haltung des Erzählers ein ständiges Schwanken zwischen Nähe und Ferne zu seinem Erzählgegenstand. Ähnlich schwankend ist sein Selbstverständnis als Erzähler. Einerseits gefällt er sich in der Pose des allmächtigen Schöpfers einer erzählten Welt: »so lasse ich am Anfang die Maus über dem Schraubenzieher hüpfen, werfe ein Volk vollgefressene Seemöwen hoch über Mahlkes Scheitel« (S. 6). Andererseits ist es mit der Allmacht nicht weit her: »Der uns erfand, von berufswegen, zwingt mich wieder und wieder Deinen Adamsapfel in die Hand zu nehmen« (S. 6), beschreibt Pilenz seine Situation der Ohnmacht, die sich auch darin äußert, dass es dem Erzähler nicht gelingt, ihm unangenehme Sachverhalte anders oder gar nicht zu erzählen. Die Frage, wer anfangs die Katze auf Mahlke gehetzt und somit die Geschichte begonnen hat, drängt sich beharrlich immer wieder in den Lauf der Erzählung ein, ebenso wird die Täterschaft Pilenz', die dieser gerne verschleiern oder abstreiten möchte, immer wieder benannt. Es zeigt sich also ein Erzähler, der bestrebt ist, vom Erzählrahmen aus die Geschichte souverän zu gestalten, ihr aber unterworfen ist.

So, wie der Erzähler als handelnde Person mit in das Geschehen verstrickt ist, ist auch der zweifellos vorhandene Erzählrahmen der Novelle in deren Handlungsteil verwoben.

Das Leitmotiv

Als Leitmotiv im Heyse'schen Sinne kann in *Katz und Maus* das begehrte, gestohlene und schließlich selbst erhaltene Ritterkreuz angesehen werden. Es steht zweifellos in enger Beziehung zur Entwicklung der Handlung. Indem zunächst das Kreuz für Mahlke zum Ausweg aus seiner unglücklichen Situation wird, erweist sich zuletzt die Ausweglosigkeit aller Versuche, die Maus oder den Adamsapfel zu verbergen. Die zweite oder zentrale Motivstelle, der Diebstahl, stellt den Wendepunkt der Erzählung dar. Es ist umgeben von einem ganzen Bündel verwandter Motive, den anderen materiellen Belegen für weitere Versuche, von dem großen Adamsapfel abzulenken. Parallel zu den stetig wiederkehrenden Erwähnungen des Ritterkreuzes verläuft eine Linie von Kreuzmotiven auf religiöser Ebene und vereint so die beiden für den Protagonisten wichtigsten Bereiche.

Katz und Maus zeigt sich in der Summe als eine postmoderne Fortsetzung der alten Gattung Novelle. Sie greift die traditionellen formalen und inhaltlichen Strukturen auf, entwickelt sie aber weiter und formt sie um. Dabei korrespondieren Form und Inhalt miteinander, indem die Verstrickung des Erzählers in die Geschichte sich in der Verwobenheit des Erzählrahmens mit der eigentlichen Novellenhandlung wiederholt und bestätigt. Die Konsequenz, mit der sich Form und Inhalt gegenseitig bestätigen, bildet einen Grund, *Katz und Maus* als ein herausragendes Werk

- Das Ritterkreuz als Dingsymbol
- *Katz und Maus* als Weiterführung der Novelle

der Nachkriegsliteratur zu bewerten, das auch formal die deutschsprachige Literatur beeinflusst hat, etwa Martin Walsers Novelle *Ein fliehendes Pferd* (1978). Grass greift übrigens mit *Im Krebsgang* noch einmal auf die Form der Novelle zurück, ohne dort in ähnlicher Weise formal Einfluss zu entfalten.

5. Quellen und Kontexte

■ Die Position im Werkkontext

Katz und Maus steht als Mittelteil im Kontext der sogenannten Danziger Trilogie. Deren erster Teil, *Die Blechtrommel*, die bei ihrem Erscheinen im Jahr 1959 Begeisterung und Entrüstung ausgelöst hat, ist heute noch Grass' bekanntestes Werk. Der Roman wurde schnell als literarisch ungewöhnliches Ereignis erkannt und bereits nach kurzer Zeit in mehrere Sprachen übersetzt. Noch der Literaturnobelpreis, den Günter Grass im Jahr 1999 zuerkannt bekam, wäre ohne seinen ersten Roman kaum denkbar.[2] Die kurz nach Erscheinen der *Blechtrommel* aufgenommene Arbeit an *Katz und Maus* setzt die Arbeit am Danzig-Komplex fort. Die Zusammengehörigkeit beider Werke wird an vielen Stellen deutlich, zum Beispiel an in beiden Werken gleichermaßen auftauchenden Figuren. Mit *Hundejahre* erscheint 1963 der dritte Teil des Zyklus, nach der knappen Novelle wieder ein umfangreicher Roman. Später behandeln noch der Roman *örtlich betäubt* (1969) und, mit großem zeitlichen Abstand, die Novelle *Im Krebsgang* (2002) das Thema Danzig, was zur Bezeichnung »Danziger Quintett« geführt hat. Der innere Zusammenhang der fünf Werke wird mehrfach durch in mehreren Werken präsente Figuren markiert.

■ Intertextuelle Bezüge: Prätexte

Zwei literarische Prätexte sind neben der allgemeinen Motivgeschichte zu dem Thema für die Entste-

2 Zu den Publikumsreaktionen auf *Die Blechtrommel* siehe Kapitel 7: »Autor und Zeit«.

hung von *Katz und Maus* von Bedeutung, zum einen die *Kleine Fabel* von Franz Kafka, zum anderen die Satire *Die Katze spielt mit der Maus* von Kurt Tucholsky. Besonders letzterer Text steht in enger Verbindung zu *Katz und Maus*. »Immer werden sich die zwei gegenüberstehen: die Katze und die Maus«,[3] heißt es dort abschließend. Mit dem so gefassten ewigen Antagonismus von Jäger und Gejagtem ist ein Thema gefasst, das in der Literatur und damit auch in *Katz und Maus* fast zeitlos präsent ist. Ob Goethes Mephisto (»Mir geht es wie der Katze mit der Maus« [Faust I, V. 322]) oder der Teufel im Buch Hiob im Alten Testament, stets ist das ungleiche Kräfteverhältnis zentrales Merkmal.

Katz und Maus, wie bereits die *Blechtrommel*, thematisieren das Dritte Reich in einer Zeit, in der die von Grass angewandte Radikalität der Beschreibung noch Neuland ist. Die Werke der Danziger Trilogie stehen in einem literarischen und zeitgeschichtlichen Kontext, in dem sie schockieren mussten, da zahlreiche Angehörige der Tätergeneration des Dritten Reiches im Jahr 1961 noch bedeutende Positionen der Gesellschaft besetzten.[4]

■ Bezüge zur Zeitgeschichte

Die an manchen Stellen der Novelle ins Mythische erhobene Darstellung Mahlkes durch den Erzähler Pi-

3 Kurt Tucholsky, *Die Katze spielt mit der Maus*, in: K. T., *Gesammelte Werke*, hrsg. von Mary Gerold-Tucholsky und Fritz J. Raddatz, Bd. 1, Reinbek b. Hamburg 1960, S. 252.
4 Zur unterschiedlichen Aufnahme des Werkes in Deutschland und in der Welt siehe Kapitel 8: »Rezeption«.

■ Literatur-
geschichte:
Der magi-
sche Realis-
mus

lenz rückt die Novelle in die Nähe des magischen Realismus in der deutschen Literatur der Nachkriegszeit, der vor allem die Literatur der fünfziger Jahre prägte, zum Beispiel in Werken von Hans Erich Nossack oder Hermann Kasack. Allerdings wirkt in *Katz und Maus* das Magische nur noch als Ausdruck der verklärenden Erinnerung und Erzählhaltung des Pilenz und dominiert nicht oder nur an wenigen Stellen die erzählte Handlung wie etwa in Nossacks *Der jüngere Bruder* oder Kasacks *Stadt hinter dem Strom*. Insgesamt bleibt die Handlung realistisch. Tiefer ins Phantastische gerät Grass erst später mit *Der Butt* oder *Die Rättin*. Dort allerdings wird es beherrschend.

6. Interpretationsansätze

Es hat sich bei der Strukturbeschreibung der Novelle *Katz und Maus* gezeigt, dass Strukturen häufig mehrfach auftreten, je nachdem, welcher Beobachtungspunkt eingenommen wird. Auch bei einer Deutung des gesamten Werkes zeigen sich verschiedene Möglichkeiten, den Text zu verstehen, die mit Konsequenz durchgeführt werden können. Dabei wird deutlich, dass die verschiedenen Deutungen einander nicht widersprechen, sondern sich gegenseitig ergänzen können. Eine Sicht des gesamten Werkes muss also mehrere Aspekte und Fragestellungen im Auge behalten. Die in der Folge vorgestellten Zugänge zu *Katz und Maus* sind weder vollständig, noch beanspruchen sie für sich, die einzig plausiblen Deutungen darzustellen. Sie sollen in erster Linie zu verschiedenen Wegen intensiver Beschäftigung auf tragfähigem Boden einladen.

■ Mehrere Deutungsmöglichkeiten

Als Erstes soll die Eingangsszene untersucht werden, die, ähnlich wie die Exposition eines Dramas, geeignet ist, Wegweisungen und Vorausweisungen für umfassende Deutungen der gesamten Novelle zu liefern.

Die erste Szene

Die Geschichte Joachim Mahlkes ebenso wie die des Erzählers Pilenz, soweit sie Novelle werden, fangen mit dem Beginn der Pubertät an, als sich mit Mahlkes

Adamsapfel eine Auffälligkeit an ihm zu entwickeln beginnt, unter der er leidet. Dieser Beginn wird im Novellentext dadurch auffällig gemacht, dass er aus der ansonsten chronologischen Handlungsführung herausgehoben ist. Die Szene, in der die Katze des Platzwarts den Adamsapfel Mahlkes als Maus missversteht, steht ganz zu Beginn der Erzählung, obwohl sie sich doch erst abgespielt hat, »als Mahlke schon schwimmen konnte« (S. 5). Die Szene ist an sich alltäglich. Sie betont ihre Alltäglichkeit sogar, indem sie Alltagsbeobachtungen gestattet, den Gang der Handlung immer wieder zu unterbrechen. So kommt der Erzähler wiederholt auf seine Zahnschmerzen zurück, derentwegen er eigentlich gar nicht hätte anwesend sein müssen. Das Schlagballspiel, an dem die entscheidenden Personen nicht teilnehmen, das Wetter und Seitenbeobachtungen, wie die eines Flugzeugs oder des bei Ostwind arbeitenden Krematoriums, geben immer wieder Anlass zu isolierten, kurzen Betrachtungen, bei denen die Kürze der Sätze auffällt. Die Beiläufigkeit aber, mit der der Vorfall berichtet wird, ist durch und durch fingiert.

Der Vorfall ist also folgender und schon als solcher nicht wirklich klar. Eine junge Katze greift Mahlkes Adamsapfel an, vermutlich, weil sie ihn für eine Maus hält. Es wird aber aus den Ausführungen eines Beobachters und Erzählers, der sich ansonsten an die kleinsten und nebensächlichsten Einzelheiten erinnert, nicht deutlich, ob jemand, vielleicht sogar er selbst, der Katze Mahlkes Adamsapfel gezeigt hat.

Diese Frage wird jedoch gleich im Anschluss an die Expositionsszene geklärt: »Ich aber, der ich Deine Maus einer und allen Katzen in den Blick brachte« (S. 6), beginnt Pilenz die Begründung für sein Schreiben. Der sich zunächst unwissend und unschuldig gebende Erzähler weiß also sehr wohl um die wahren Umstände und seinen Anteil an dem Vorkommnis. Die Katze, die als Jägerin unterwegs ist, ist Werkzeug des Jägers Pilenz, der übrigens auch im Schlagballspiel als Tickspieler eingesetzt ist, also als Jäger. Schon hier teilen sich die Mitwirkenden der Novelle in Jäger und Gejagte, wobei der am Schicksal Mahlkes so viel Anteil nehmende Pilenz sich als Jäger entlarvt, dessen Zahnschmerzen bezeichnenderweise aufhören, als sich die Katze zum Sprung duckt. Mahlke ist definitiv Gejagter, wobei sein Adamsapfel, der schon hier Maus genannt wird, den ganzen Mahlke vertritt, ebenso wie die Katze Pilenz. Auch Hotten Sonntag, der unbeteiligt sein Schlagholz poliert, ist Jäger. Er steht hier für Winter, Kupka, Bansemer und die anderen Mitschüler, die ebenfalls als Jäger fungieren. Bezeichnenderweise entsteht aber bei einem späteren, gemeinsamen Erinnerungsversuch Unklarheit darüber, *wer* den Zwischenfall mit der Katze inszeniert hat (S. 120). In der Anfangsszene wird zum ersten Mal deutlich, wie der Titel der Novelle vor allem zu verstehen ist. »Katz und Maus« heißt in erster Linie Jäger und Gejagter. Diese Beobachtung hat Folgen für die weitere Lektüre. Mahlkes von seiner Umgebung kaum je verstandene Verhaltensweisen sind die

Jäger und Gejagte

Schutzmaßnahmen eines Gejagten oder zumindest eines, der sich gejagt fühlt. Im weiteren Verlauf wird man ihm kaum mehr ohne wie immer gearteten Schutz seines Adamsapfels begegnen.

Im Hintergrund des Geschehens bewegt sich Studienrat Mallenbrandt. Auch von ihm wird hier wenig berichtet, und dies Wenige ist von weitreichender Bedeutung. »Studienrat Mallenbrandt pfiff« (S. 5). Mit diesem knappen Satz wird der Lehrer eingeführt und zugleich charakterisiert. Deutlich wird seine Rolle, die des Verwalters in einem engen und geregelten Bereich, des Weiteren seine Konzentration auf das Schlagballspiel, für das er ja ein Regelwerk verfasst hat, aber auch seine große Entfernung zum eigentlichen Geschehen der Novelle, die er mit seinen Lehrerkollegen teilt. Sein Pfiff »Übergetreten« (S. 5) weist voraus auf seine größte Szene innerhalb der Novelle. Er wird im siebten Kapitel die Untersuchungen des Ritterkreuz-Diebstahls führen und dabei wenig Erfolg haben.

Weiterhin schleichen sich am Rande einige Anspielungen auf späteres Geschehen ein, so zum Beispiel die Einsätze an der Ostfront und das Kriegsende durch das »bei Ostwind« arbeitende Krematorium. Hiermit wird der Bereich des Krieges angedeutet, der später beherrschend wird. Zwar ist die Novelle vor allem um Mahlkes Schicksal herum aufgebaut, es handelt sich aber ebenso um eine Erzählung aus der Zeit des Dritten Reiches. Die Katze übrigens trägt Schwarz mit weißem Lätzchen, das Habit eines katholischen

■ Studienrat Mallenbrandt

■ Weitere Vorausweisungen

Pfarrers, so dass auch dieser Bereich zumindest schon angedeutet ist. Studienrat Mallenbrandt unterrichtet neben Sport noch Religion, die Marienkapelle ist eine »ehemalige Turnhalle des Sportvereines Neuschottland« (S. 15).

Die Maus Mahlke

Die erste Szene scheint, bei allem Informationsreichtum, einen Sachverhalt falsch einzuschätzen, denn sie sagt: »Joachim Mahlke schrie, trug aber nur unbedeutende Kratzer davon« (S. 6). Dies lässt sich wohl kaum auf den späteren Lebensweg Mahlkes übertragen, der am Ende sehr wahrscheinlich zu Tode gejagt worden ist. Dennoch wird sich die Beschreibung der ersten Seite insofern als zutreffend erweisen, als die ihm körperlich zugefügten Verletzungen tatsächlich nur unbedeutende Kratzer sind.

Joachim Mahlke ist seiner Herkunft nach unauffällig. Als Kind einer kleinbürgerlichen Familie, das früh ■ Mahlkes
den Vater verloren hat, weist er zunächst keinerlei Be- Biographie
sonderheiten auf. Allenfalls begünstigen Kränklichkeit und seine Befreiung vom Sportunterricht, verbunden mit der Unfähigkeit zu schwimmen, sein frühes Einzelgängertum. Das Auffallen und damit das Dasein als Maus beginnt mit der Pubertät, als sich sein Adamsapfel, wie auch sein Geschlechtsteil, überdimensional entwickeln. Im achten Kapitel erfährt man von Pilenz, dass Mahlke zeitweise den Spitznamen »Der Schlucker« (S. 83) getragen hat, eine Anspielung

auf seine körperliche Auffälligkeit. Von Verfolgung durch die Klassenkameraden ist aber nirgends die Rede. Der Name »Schlucker« fiel, so betont Pilenz, »wenn er abseits stand« (S. 83). Mehr noch, die Mitschüler behandeln ihn mit anfangs zurückhaltendem, später bewunderndem Respekt. Auch tut ihm Anerkennung sichtlich wohl: »Beifall tat ihm gut und besänftigte seinen Hüpfer am Hals« (S. 25). Die Cousinen des Erzählers siezen ihn sogar spontan. Den Drang, von seiner Auffälligkeit abzulenken, scheint Mahlke aus sich selbst heraus zu entwickeln. Es stellt sich die Frage, inwiefern Mahlke sein Maussein selbst hervorruft.

Deutlicher als durch reale Verfolgung zeigt sich Mahlkes Mausartigkeit in seiner eigenen Suche nach Schutz und Geborgenheit. Er ist von Beginn an vaterlos und ohne Geschwister. Mutter und Tante zeigen sich im Umgang mit ihm eher hilf- und verständnislos. Schutz sucht und findet er in der katholischen Kirche, aber auch hier fällt er durch ungewöhnliche Verhaltensweisen auf. So zeigt er schon früh eine Neigung zu ausgeprägter Marienverehrung, die Befremden auslöst: »Die Anbeterei, war das Spaß?« (S. 20), fragt Pilenz. Seine Verehrung ist exklusiv und trägt erotische Züge. »Der Gekreuzigte interessierte ihn nicht besonders« (S. 32), und es gibt für Mahlke »wenn schon Frau, dann nur die katholische Jungfrau Maria« (S. 37). Am Ende erweist sich Maria, zumindest in den Erzählungen Mahlkes, tatsächlich als Schutz und Hilfe in Gefahr. Detailliert berichtet er, wie sie ihm durch Vi-

■ Mahlke und die Jungfrau Maria

sionen beim Bekämpfen russischer Panzer geholfen hat. Und auch Pilenz erkennt an: »Du warst ja mit Hilfe der Jungfrau kugelsicher.« (S. 123 f.)

Mahlke aber ist nicht nur einfach ein Gejagter, ob tatsächlich oder eingebildet, er ist auch Träger eines ganzen Motivbündels religiöser Andeutungen und Verkörperungen. Sein auffälligstes Merkmal, der hervorstechende Adamsapfel, hat seinen Namen von dem Volksglauben her, in ihm zeige sich ein Stück jenes Apfels, von dem Adam im Paradies gegessen habe. Mahlke verhält sich dem biblischen Vorbild gemäß, als er, sobald er ein Bewusstsein seiner Blöße entwickelt, diese zu bedecken versucht. Im Unterschied zu Adam aber ist das Problem mit dem Gewahrwerden der Blöße nicht gelöst. Er muss das geeignete Feigenblatt, das Ritterkreuz, erst erwerben. Deutlicher noch als Adam aber verkörpert Mahlke dessen heilsgeschichtliche Fortsetzung, den neuen Adam Christus. Dies zeigt sich an einer Vielzahl von Situationen, an der Sichtweise der Umgebung wie an scheinbar zufälligen Bemerkungen. Schlüsselstelle ist hier die Beschreibung einer Situation im Klassenzimmer, als ein Mitschüler Mahlke in einer Tafelzeichnung als Erlöser karikiert. Wie sehr sich dieser getroffen sieht, zeigt sich an seiner Reaktion. Ein einziges Mal gerät er außer sich und geht mit dem Schraubenzieher auf den Zeichner los. Recht früh wird deutlich, dass Mahlkes Anlehnung an seine biblischen Vorbilder nicht so sehr eine Kopie als eine Parodie ansteuert. Denn das Kreuz, dem er zustrebt, hat eben keinerlei

■ Mahlke als Adam und Jesus

49

transzendente Bedeutung, sondern ist das Ritter-kreuz, eine rein militärische Dekoration. Und auch die ausgestopfte Schnee-Eule Mahlkes zeigt, »gleich Mahlke, diese leidende und sanft entschlossene, wie von inwendigem Zahnschmerz durchtobte Erlöser-miene« (S. 22). Diese Eule, die er von seinem Vater be-kommen hat, wiederholt sich später an seiner Uni-form im Hoheitsadler. Dieser aber sitzt auf der Mütze »als Taube des heiligen Geistes« (S. 124). Auch, und dies ist das entscheidende Defizit des Christus Mahl-ke, versagt er bei der Auferstehung, nachdem er sich freiwillig in die Unterwelt des Wracks begeben hat. Daran ändert auch nichts, dass sein Jünger Pilenz noch in der Gegenwart des Erzählens auf seine Wie-dererscheinung hofft. Der Protagonist ist in allem ein defizitärer Christus, dem es letztlich nur glücken will, verfolgt zu werden, ohne heilsgeschichtliche Konse-quenz. Bei aller Tragik seiner Geschichte haftet der Gestalt auch stets etwas Lächerliches an, so, als wäre der anfängliche Wunsch, »Clown werden und die Leute zum Lachen bringen« (S. 20), in Erfüllung ge-gangen.

Es stellt sich die Frage nach dem Sinn dieser recht aufwendigen Parallelisierung zwischen Mahlke und Adam/Christus, die zudem bewusst Unterschiede zwischen Vorbild und Abbild etabliert. Gerhard Kai-ser hat in seiner wegweisenden Studie[5] zur Kenn-zeichnung Mahlkes den Unterschied zwischen der

■ Gründe für die Nähe Mahlke – Christus

5 Gerhard Kaiser, *Günter Grass. Katz und Maus*, München 1971.

Erkenntnis Adams und seinem Verkennen durch eine Gruppe herausgestellt. Mahlke wird sich, wie Adam, seiner selbst bewusst. Dieses Bewusstsein seiner selbst ist schon in der Bibel mit Scham verbunden und dem Wunsch, sich zu verbergen. Als Mahlke sich im Laufe der Pubertät seiner Auffälligkeit bewusst wird, bemüht er sich, diese zu verschleiern. Seine Existenz als Christus hingegen ist Produkt seiner Umgebung. Die Gruppe seiner Mitschüler entlockt ihm durch die ständige Aufmerksamkeit außergewöhnliche Leistungen auf vielen Gebieten. Sie wird auch, ebenso wie am Ende die gesamte Gesellschaft, zum Verfolger eines Mahlke, der zwar aus eigenem Willen in die Unterwelt der Funkerkabine hinabsteigt, aber eben nicht die Fähigkeit hat, nach drei Tagen wieder aufzusteigen.[6] In der Funktion der Gesellschaft liegt denn auch der Sinn der Christusexistenz Mahlkes. Sie verfolgt einen Menschen, der nur aufgrund ihres Verkennens zum halben Christus wird. Dieses Verkennen ist einerseits das der Mitschüler, die sich nach dem Krieg nicht mehr an das Gesicht, nur noch an den Adamsapfel Mahlkes erinnern können. Andererseits ist es das Verkennen durch die ganze Gesellschaft, wodurch auch das nationalsozialistische System ermöglicht und getragen wird. Dort wird ein Erlöser projiziert, wie hier ein Schmerzensmann.

6 Allerdings ist Mahlke in der Lage, einen beim Tauchen verunglückten Mitschüler aus dem Wrack zu retten und ans Licht zurückzubringen. Die Christushaftigkeit bleibt dennoch fragwürdig.

In seiner Schwäche oder seinem Gefühl, Maus zu sein, ist Mahlke gewiss nicht allein. Besonders und aus dem Rahmen fallend ist seine Weise, diese Schwäche und den Eindruck von Bedrohtheit zu kompensieren. Dabei lassen sich im Wesentlichen drei Strategien unterscheiden. Erstens versucht er ganz konkret den übergroßen Adamsapfel physisch zu verbergen oder von ihm abzulenken. Zweitens bemüht er sich, durch eine besondere Position in der Gruppe unangreifbar zu werden, gestützt vor allem auf Anerkennung und Bewunderung. Schließlich hilft auch seine schwärmerische Marienverehrung, der als bedrohlich erlebten Umwelt zu entkommen und sich in ihr zu behaupten. Alle drei Strategien fließen materiell zusammen im Leitmotiv des Ritterkreuzes, das sich damit wieder als Zentralsymbol der Novelle erweist.

Die Katze Pilenz

Der Erzähler Pilenz ist eine zwiespältige Gestalt. Er entzieht sich absichtsvoll der Beobachtung des Lesers, ist in sich gebrochen und weit weniger schlüssig in seiner Ausrichtung als etwa Mahlke. Das macht ihn zu einer mindestens ebenso interessanten Figur wie den offensichtlichen Protagonisten. Pilenz hat sich bereits zu Beginn der Novelle als Katze entlarvt. Seine Jägertätigkeit ist damit keineswegs beendet. Auf ihren Höhepunkt kommt sie, als Mahlke nach seiner Desertion ernsthaft unter Verfolgungsdruck gerät. In dieser

■ Pilenz jagt Mahlke

Situation entwickelt sich Pilenz zum Judas für den Christus Mahlke. Festgeschrieben ist diese Rolle des Pilenz zum Beispiel in seiner Aufforderung an Mahlke kurz vor der Flucht: »Laß uns noch einmal zu dritt und immer wieder das Sakrament feiern« (S. 135), mit der er sein Opfer selbst zum letzten Abendmahl lädt. In der gesamten Episode handelt Pilenz mit erschreckender Konsequenz. Zunächst lehnt er das Hilfsangebot Gusewskis, die einzige denkbare Unterstützung, ab: »Lassen Sie nur, Hochwürden. Werde mich schon um ihn kümmern.« (S. 135) Noch deutlicher wird er, als Gusewski auf die sehr zutreffende Vermutung kommt, Mahlke könnte sich umbringen. »Da halten Sie sich am besten ganz raus, Hochwürden« (S. 135), antwortet Pilenz in für einen Ministranten seinem Pfarrer gegenüber ungewöhnlicher Grobheit. Als Nächstes lehnt Pilenz Mahlkes Bitte ab, in seinem Keller untertauchen zu dürfen. Stattdessen bringt er das alte Minensuchboot ins Spiel, wohl wissend, dass es als längerfristiges Versteck nicht taugt. Zwar bringt Pilenz selbst das Gespräch auf nötigen Proviant für die Zeit auf dem Schiff, sein Gang zu Mahlkes Tante aber gibt ihm Gelegenheit für einen weiteren Schlag gegen den Freund. Bei seiner Rückkehr nämlich erfindet er die Geschichte von schon begonnenen Nachforschungen nach dem Desertierten, sogar die Verhaftung der Mutter erfindet er, so dass Mahlke die Rückkehr gänzlich unmöglich erscheinen muss. Selbst sein Denken ist verlogen, als die beiden zum Wrack hinüberrudern: »Keine Katze auf See, aber die

Maus flüchtig« (S. 142). Dies ist insofern falsch, als die Katze die Maus selbst ans Ziel rudert. Und am Ende kommt es zu einer Handlung, die nicht mehr anders als feindlich verstanden werden kann. Unmittelbar, nachdem Pilenz den Freund noch daran erinnert hat, bloß nicht den Büchsenöffner zu vergessen, taucht Mahlke. Kaum ist er verschwunden, heißt es: »Da nahm ich den Fuß vom Büchsenöffner.« (S. 147) Zu der Zwiespältigkeit im Verhalten Pilenz' gehört, dass er sich nun daranmacht, den Untergetauchten durch Klopfzeichen und Rufe zurückzuholen und an den Öffner zu erinnern. Dann aber, beim Zurückrudern, wirft er ihn ins Meer. Das letzte Glied in der Kette dieser zerstörerischen Maßnahmen ist in Verbindung mit den anderen von fast tödlicher Endgültigkeit. Mahlke hat den Plan, noch am gleichen Abend nach seiner Flucht aufs Wrack an Bord eines schwedischen Frachters zu gehen. Pilenz, der seine Rückkehr zusagt, fährt aber »am Sonnabendvormittag und nicht, wie verabredet, am selben Abend« (S. 149) an den Strand, um sich davon zu überzeugen, dass Mahlkes Schuhe noch immer unverändert an Deck stehen. In diesem Hin und Her gerade gegen Ende der Mahlke-Handlung scheint sich tatsächlich das Verhalten einer Katze zu offenbaren, die mit einer schon gefangenen und todgeweihten Maus spielt. Es steckt aber noch mehr hinter dem Verhalten Pilenz' als ein Katz-und-Maus-Spiel. Pilenz ist nicht nur Katze, ebenso wie nicht nur Pilenz Katze ist. Pilenz, der auf unauffälligere Art ebenso Außenseiter ist wie Mahlke, verehrt mit hoffnungsloser Liebe den, an dem er sich schuldig macht. Nur selten wird diese Liebe offenbar, wie im achten Kapitel, das insgesamt das der Pilenz'- schen Geständnisse ist:

■ Pilenz liebt Mahlke

> »Wenn Mahlke gesagt hätte ›Mach das und das!‹, ich hätte das und noch mehr gemacht. Mahlke sagte aber nichts, ließ sich wort- und zeichenlos gefallen, wenn ich ihm nachlief, ihn, obgleich das ein Um- weg war, in der Osterzeile abholte, damit ich an sei- ner Seite zur Schule gehen durfte.« (S. 86)

Die Gleichgültigkeit Mahlkes ist etwas, worunter Pilenz lange leidet, und sein Wunsch nach Nähe und Vertrautheit ist nahezu unbegrenzt: »Nie hörte ich, was er dachte« (S. 32), beschwert er sich.

Deutlich wird aber auch, dass sich Pilenz gegen sei- ne Bindung an Mahlke zu wehren versucht. »Beson- ders ich war froh, ihn los zu sein, ihm nicht hinter- drein zu müssen« (S. 95), stellt Pilenz fest, als Mahlke nach seinem Schulausschluss nicht mehr zum Minen- suchboot kommt. Hier wie an zahlreichen anderen Stellen zeigt sich die Obsessionalität seiner Bindung an Mahlke, der er ausgeliefert ist. Seine Versuche, sich zu befreien, beginnen mit Beteuerungen seiner Ei- genständigkeit, ob als Erzähler oder als handelnde Fi- gur. Sie setzen sich in symbolischen Handlungen fort wie dem Entfernen von Mahlkes Namen auf der Latri- ne im Wehrertüchtigungslager und gipfeln schließ- lich in der planvollen Vernichtung des Freundes.

■ Pilenz' Versuche, sich von Mahlke zu befreien

So schwankt Pilenz zwischen Verehrung aus der Ferne und Versuchen, das Objekt seiner Anbetung zu zerstören. Manche seiner Handlungen verweisen sogar auf beide Haltungen: »Ich war es, der dein Abbild als Erlöser mit dem Schwamm von der Tafel wischte« (S. 39), betont Pilenz und beweist so seine Fürsorglichkeit, indem er Mahlke von der Karikatur befreit, aber auch sein Bedürfnis, den Freund auszulöschen. Gegen Ende der Novelle, als Pilenz mit großer Erleichterung, endlich fortzukommen, die Einberufung zum Arbeitsdienst erhält, scheint er seiner Bindung an Mahlke endlich entkommen zu sein. Im Lager auf der Tuchler Heide aber muss er feststellen: »[I]ch aber wurde Mahlke auch beim Arbeitsdienst nicht los« (S. 116). Nicht einmal das Aushacken des Namens aus der Latrinenwand hilft, ebenso wenig wie der Verrat am Ende der Geschichte. Und so, wie Pilenz durch den hellen Flecken frischen Holzes an der Wand immer noch an Mahlke erinnert wird, so ist Mahlkes Verschwinden im Minensuchboot der Grund für den Erzähler, sich auch in seinem weiteren Leben nicht von ihm lösen zu können. So ist am Ende der Novelle Pilenz, der notdürftig im Kolpinghaus Schutz sucht, selbst ein Gejagter. Hier zeigt sich, und das ist die letzte Konsequenz der Katze Pilenz, diese selbst als Maus. Pilenz verhält sich dem Christus Mahlke gegenüber wie ein liebender und verratender Judas, der, auch hierin exemplarisch für eine ganze Gesellschaft, nach dem Krieg übrig bleibt und vergeblich versucht, seine Vergangenheit abzuschließen. Dies führt uns zum Erzähler Pilenz.

Die zwei Geschichten

»Setzen Sie sich einfach hin, lieber Pilenz, und schreiben Sie drauflos. Sie verfügen doch, so kafkaesk[7] sich Ihre ersten poetischen Versuche und Kurzgeschichten lasen, über eine eigenwillige Feder: greifen Sie zur Geige oder schreiben Sie sich frei« (S. 106). Mit diesem Ratschlag des Pater Alban an den gehetzten Pilenz beginnt gewissermaßen die fiktive Entstehungsgeschichte der Novelle. Die Mahlke-Geschichte, aus der die Handlung des Werkes besteht, wird festgehalten, damit sich der Erzähler Pilenz von ihr befreien kann. Die Befreiung, das hat schon der letzte Abschnitt gezeigt, ist unter anderem eine Befreiung von Schuld. Pilenz' schlechtes Gewissen treibt ihn zum Schreiben und zum Geständnis. Nicht umsonst stammt der Vorschlag, die Geschichte zu erzählen, von einem Pfarrer. Der Erzählakt erhält so den Charakter einer Beichte. So hat man es in *Katz und Maus* mit zwei Geschichten zu tun. Die eine ist die der Novellenhandlung, die andere die des Erzählers und des Erzählens selbst. Diese beiden Geschichten sind inhaltlich wie formal eng mit- und ineinander verwoben. Bisweilen irritiert das Ineinander der beiden Geschichten beim Lesen, vermengen sich doch damit auch zwei Zeitebenen und Erzählperspektiven. Doch

■ Gründe für Pilenz' Autortätigkeit

■ Verschränkung der Rahmen- und Binnenhandlung

---

7 Die Nennung Kafkas an dieser Stelle ist keineswegs zufällig. Sie stellt eine Verbindung zu Kafkas Schreiben allgemein, aber auch zu seiner *Kleinen Fabel* her. Siehe hierzu Aufgabe 3 in Kapitel 10 »Prüfungsaufgaben mit Lösungshinweisen«.

finden sich auch immer wieder Hinweise auf die im Moment gerade eingenommene Sichtweise oder die gerade verfolgte Geschichte. Ein solcher Hinweis ist der häufige Wechsel zwischen unpersönlicher Beschreibung und persönlicher Anrede, durch den Pilenz' Umgang mit Mahlke geprägt ist. Er weist darauf hin, auf welcher Ebene der Erzählung die Novelle sich gerade befindet. Ein weiteres Merkmal ist die Verwendung der Erzähltempora. Das Präteritum gehört zu Mahlke wie das Präsens zu Pilenz. Die Konsequenz in dieser Verteilung geht so weit, dass in Fällen, in denen die Zuordnung zu einer Ebene nicht so klar ist oder nicht so klar sein soll, ganz auf verräterische Verbformen verzichtet wird: »Die alte Mär vom unverkäuflichen Flecken, bißchen gruslig moralisch und transzendent« (S. 117). An diesen Stellen wird das Scheitern des Erzählers Pilenz deutlich, der sich ja gerade die alte Geschichte vom Leib schreiben und halten möchte und dem sie gerade dabei besonders untrennbar von seiner Erzählgegenwart zu werden gerät. Die Vermischung der beiden Ebenen, die bisweilen wie eine erzählerische Schwäche anmuten mag, ist also tatsächlich eine, nicht aber die des Autors Grass, sondern die des Erzählers Pilenz. In ihr äußert sich das Unvermögen eines erinnernden Erzählers, die eigene wie die kollektive Vergangenheit zu bewältigen.

■ Dopp-
lungen
im Werk

Die zweifache Geschichte findet sich aufgegriffen in motivischen Dopplungen. Das Ritterkreuz kommt zweimal vor, als entwendetes wie als erworbenes.

Schraubenzieher, Dosenöffner und Marienmedaillen gibt es ebenfalls zweimal. Schließlich wird man auch von zwei Protagonisten sprechen müssen, Mahlke und Pilenz, die als beiderseits Scheiternde und beiderseits Verfolgte bei aller Verschiedenheit ebenfalls Ansätze einer Dopplung aufweisen. Am deutlichsten wird diese Dopplung bei parallelem Verhalten, zum Beispiel wenn beide als Messdiener arbeiten. Pilenz hat als Doppelwesen in sich zwei Funktionen im Werk, als Chronist wie als mitwirkende Figur, in dieser wiederum ist er gleichermaßen Freund wie Verfolger Mahlkes, gewissermaßen Lieblingsjünger und Judas. Insgesamt erweist sich die Idee der Dopplung als Prinzip, dem das Werk in spielerischer oder ernster Form inhaltlich wie formal folgt.

Der Außenseiter und die Gesellschaft

Obwohl *Katz und Maus* von zwei Außenseitern spricht, die weitgehend isoliert leben und deren Geschichte in der Tat in einer »unerhörten Begebenheit« gipfelt, enthält die Novelle viel Exemplarisches, gerade im Schicksal der beiden Hauptpersonen. Es wird sehr realistisch die Lebenswirklichkeit Jugendlicher im Dritten Reich geschildert. Auch ist eine Vielzahl von Parallelen einzelner Details zu Grass' Biographie nachgewiesen worden. Dieser hat allerdings vehement bestritten, mit *Katz und Maus* Autobiographisches leisten zu wollen. Sehr wohl allerdings war Grass in der gesamten *Danziger Trilogie* eigenen An-

■ Zeitgeschichtliche Bezüge

59

gaben nach bemüht, das kleinbürgerliche Leben während der Kriegsjahre und die Grausamkeiten des Zweiten Weltkriegs literarisch zu fassen. Es ist ja auch in der Biographie eines Günter Grass ähnlich viel Exemplarisches wie in der eines Pilenz oder eines Mahlke.

Beispiel-
haftes
Verhalten
der Prota-
gonisten

Noch stärker beispielhaft als die Protagonisten sind die Nebengestalten. In den Lehrerfiguren wie in den Figuren aus der Elterngeneration offenbart sich kleinbürgerliches Mitläufertum oder Vereinnahmung durch das nationalsozialistische System in verschiedenen Abstufungen. Dabei entsteht das Exemplarische der Darstellung aus dem in engem Rahmen unterschiedlichen Verhalten angesichts äußerer Zwänge. Doch auch die Protagonisten sind, auf andere Weise, Träger von Beispielhaftem, indem sie in ihrer Geschichte stellvertretend für eine ganze Gesellschaft oder Teile von ihr das Dritte Reich durchleben. Pilenz schwankt zwischen dem Wunsch nach Befreiung und Entfernung von seiner Vergangenheit und dem beharrlichen Zwang, sich eben doch immer wieder zu erinnern. Damit verkörpert er ein Grundproblem des Umgangs mit der eigenen Vergangenheit, persönlich oder kollektiv, im Nachkriegsdeutschland noch der heutigen Zeit. Mahlke ist einerseits als Verfolgter exemplarisch. Die Tatsache, dass er aus der Masse herausragt, gefährdet ihn. Aber auch die Kompensation von erlebter oder auch nur befürchteter Bedrohung durch die Suche nach Anerkennung und militärischer Ehrung kann als beispielhaft verstanden werden.

So wird in den Protagonisten typisches Denken individuell sichtbar. Sie sind in ihrer Konventionalität und in ihrer Außergewöhnlichkeit exemplarisch, in ihrer Gestalt als Jugendliche während des Dritten Reiches wie in ihrer Rolle als Katze und als Maus. So erzählt *Katz und Maus*, auch hierin einer Tradition der Novelle, insbesondere der im 19. Jahrhundert beliebten historischen Novelle folgend, in einer besonderen und kleinen Geschichte die allgemeine und große.

7. Autor und Zeit

■ Nobelpreis
1999

Nicht erst die Verleihung des Literaturnobelpreises im Herbst 1999 hat die deutsche und die internationale Öffentlichkeit auf Günter Grass aufmerksam gemacht. Seit Erscheinen der *Blechtrommel* im Jahre 1959 ist das Gespräch über den Autor nie wirklich abgebrochen. Und es erfolgte die Verleihung des Preises auch keineswegs aus heiterem Himmel. Grass hatte erstens schon länger einen Platz auf der Kandidatenliste für den Nobelpreis innegehabt, zum anderen konnte er schon vorher auf eine beträchtliche Zahl an nationalen und internationalen Ehrungen und Preisen zurückblicken.

■ Frühe Reaktionen der Öffentlichkeit

Im Gegensatz zu dieser Anerkennung steht das sehr dauerhafte ablehnende Verhalten der Kritik. Auch hier lässt sich eine hohe Konstanz beobachten, angefangen mit der fast durchgängig ablehnenden Haltung, die die Rezensenten der *Blechtrommel* gegenüber einnahmen. Nihilismus und Pornographie lauteten die häufigsten Vorwürfe einem Roman gegenüber, der heute als ein Initialwerk eines neuen, grotesken Realismus gilt. Dabei fällt bei den Besprechungen der *Blechtrommel* wie der späteren Werke auf, dass die Richtung der Kritik stabil bleibt. Stets wurde vor allem Inhaltliches beklagt, wie eine sich in drastischen Beschreibungen äußernde Pornographie, ein hinter den Darstellungen spürbarer Nihilismus und, vor allem in der späteren Kritik, eine auffällige Neigung zum Moralisieren und Schulmeistern. Auf

Abb. 3: Porträt von Günter Grass (1989) – © akg-images /
Udo Hesse

der anderen Seite wird von Anfang an die sprachliche Kraft und der Reichtum der Erfindungen betont. Auffällig neben der klaren Trennung in Ablehnung des Inhaltlichen und Lob des Formalen und Handwerklichen ist, dass diese Ausrichtung der Kritik über weite Strecken von einem Werk auf das andere übertragen wurde. So erstaunt es nicht, dass in diesem Zusammenhang vom »Versagen der Literaturkritik am Beispiel Günter Grass«[8] gesprochen worden ist. Dabei zeigen die Verkaufszahlen besonders der Romane, dass das Lesepublikum nie aufgehört hat, den Autor Grass wahrzunehmen und zu schätzen, ebenso wie die verschiedensten Gremien, die mit der Vergabe von Preisen und Würdigungen betraut sind. Einer der deutlichsten Belege der Spaltung in der öffentlichen Meinung zu Günter Grass zeigt sich bereits zu Beginn seiner Laufbahn, als ihm für die *Blechtrommel* zwar der Bremer Literaturpreis zuerkannt wird, der Senat sich aber weigert, ihm den Preis öffentlich zu überreichen. Die Vorwürfe wegen Pornographie und Nihilismus werden heute nicht mehr erhoben, dafür ist die Ablehnung gegen den vermeintlichen Moralprediger lauter geworden. Auch der Verkaufserfolg vor allem der Grass-Romane ist immer noch eine Konstante. Dadurch wird Grass zu einem der nicht eben häufigen Vertreter der Hochliteratur, die schon zu Lebzeiten literarischen Erfolg – wie auch wirtschaftlichen – ver-

■ Publikum versus Kritik

8 Timm Boßmann, *Der Dichter im Schussfeld. Geschichte und Versagen der Literaturkritik am Beispiel Günter Grass*, Marburg 1997.

buchen können. Durchgängig umstritten war Grass'
politisches Engagement für die SPD, das im Jahre 1961
begann. Noch im Umfeld des Skandals um seine lange
verschwiegene SS-Mitgliedschaft wird vor allem von
konservativer Seite Kritik bis hin zur Forderung nach
Aberkennung des Nobelpreises erhoben.

Vieles Inhaltliche im Werk des Günter Grass verweist zurück auf seine Herkunft aus Danzig, was die
ablehnenden Äußerungen manches Kritikers aus
Danzig besonders empört klingen lässt. Besonders
die *Danziger Trilogie* und mit ihr *Katz und Maus* sind
eng an das Umfeld gebunden, in dem Grass aufge-
wachsen ist. Aber auch seine Erlebnisse im Krieg und
dem westlichen Nachkriegsdeutschland, dessen Ge-
burt und Entwicklung er unablässig beobachtet und
kommentiert hat, haben Eingang in das literarische
Werk gefunden. In manchen Fällen stellt das literarische Werk sogar eine direkte Umsetzung des Erlebten
dar. Eindrucksvollstes Beispiel hierfür ist sicher das
Werk *Zunge zeigen* aus dem Jahr 1988, in dem er seine
Eindrücke einer Reise nach Kalkutta künstlerisch verarbeitet. So ist es sicher sinnvoll, sich einen kurzen
Überblick über die Biographie des Günter Grass zu
verschaffen, wenngleich der Autor selbst wiederholt
Desinteresse an seiner eigenen Biographie betont hat:
»mein bloßes Ich, wenn ich ihm nachgehen sollte, be-
schreibend, würde mich noch vor der Einschulung
langweilen«.[9] Dennoch bleibt seine Biographie auch

■ Biogra-
phisches
im Werk

9 Aus einem Gespräch mit Heinrich Vormweg 1985, zitiert
nach: H. V., *Günter Grass*, Reinbek b. Hamburg 2002, S. 20.

für spätere Werke umfangreiche Materialsammlung. In der *Danziger Trilogie* ist zum Beispiel viel von dem verarbeitet, was Grass selbst als exemplarisch für die damalige Zeit ansah.

Biogra-
phischer
Abriss

Günter Grass wurde am 16. Oktober 1927 in Danzig-Langfuhr als Sohn eines protestantischen Kolonialwarenhändlers und dessen katholischer Frau geboren. Die Schule besuchte er bis zur neunten Klasse, als er zum Dienst zunächst als Flakhelfer, dann, nach einer Zeit beim Reichsarbeitsdienst, bei der Wehrmacht eingezogen wurde. Dies ist eine für einen Jungen seines Jahrgangs nicht ungewöhnliche Laufbahn, ebenso seine Mitgliedschaft beim Jungvolk, später bei der Hitlerjugend. Im November 1944 wird er zur Waffen-SS einberufen. Das Kriegsende findet ihn leicht verwundet in einem Lazarett in Marienbad im heutigen Tschechien. Wichtig ist, dass Grass, wie er selbst bestätigt, bis nach Kriegsende kein eigentlicher Regimegegner gewesen ist. Erst die Nürnberger Prozesse mit ihren Enthüllungen über Kriegsverbrechen und den Holocaust hätten ihn aufgerüttelt. Schon bei diesen knappen Angaben zeigen sich Übereinstimmungen zwischen der Biographie und literarischen Werken, besonders der *Danziger Trilogie*.

Nach Kriegsende und amerikanischer Kriegsgefangenschaft war Danzig für den jungen Grass unerreichbar geworden. Es folgte einige Zeit der Arbeit bei Bauern und im Kalibergbau bis zum Entschluss im Winter 1946/47, Bildhauer zu werden. Er machte eine Steinmetzlehre in einem Grabsteingeschäft und arbeitete nebenher an Zeichnungen. 1948 bis 1952 studierte er an der Düsseldorfer Kunst-Akademie. Direkt nach dem Krieg überwog bei dem Künstler Grass also noch keineswegs das Literarische. Der Schwerpunkt lag bei der bildenden Kunst, die er auch später immer wieder mit der Literatur verbunden hat, zum Beispiel 1999 in *Mein Jahrhundert.* Erst 1952 begann er intensiver zu schreiben, zumeist Lyrik, und veröffentlichte 1955 mit *Lilien aus Schlaf* sein erstes Gedicht, mit dem er gleichzeitig den dritten Preis eines Lyrik-Wettbewerbs gewann. Dieser Preis ist deshalb von Bedeutung, weil dadurch Hans Werner Richter, Mitbegründer der Gruppe 47, auf Grass aufmerksam wurde. 1956 folgte bei Luchterhand mit dem Band *Die Vorzüge der Windhühner* die erste Buchveröffentlichung, eine Sammlung von Lyrik, Prosa und Zeichnungen des Autors. Die mittleren Fünfziger waren aber nicht nur eine Zeit der Lyrik und der Zeichnungen, es entstanden auch Theaterstücke und Ballette, erste Essays. Diese frühen Arbeiten, die den Bereich, mit dem Grass wenig später berühmt wurde, auffällig aussparen, erlebte Grass ungeachtet der öffentlichen Erfolge als nicht wirklich befriedigend. So ist sein Entschluss, 1956 gemeinsam mit seiner Frau Anna, einer Balletttänzerin, nach Paris zu gehen, um »ein dickes Buch«[10] zu schreiben, als ein erneuter Bruch und Neuanfang zu werten. Auch das Erscheinen des Romans *Die Blechtrommel*, eben des dicken Buches, muss als Wendepunkt angesehen werden. Zum einen

■ Werkgeschichte

10 Vormweg (s. Anm. 9), S. 43.

wurde der Autor Günter Grass schlagartig berühmt, zum anderen war in der deutschen Literatur ein neuer Meilenstein gesetzt. Heute ist, auch ohne den Literaturnobelpreis, die *Blechtrommel* als eines der bedeutendsten Werke der deutschen Nachkriegsliteratur anerkannt.

Der *Blechtrommel* folgte, im Jahr 1961, die Novelle *Katz und Maus*, die inhaltlich und motivisch auf vielfältige Weise mit dem ersten Roman verbunden ist, ebenso mit dem nachfolgenden Roman *Hundejahre*. Die sich aus diesen drei Werken zusammensetzende *Danziger Trilogie* kann heute noch als ein Mittelpunkt des Grass'schen Werkes gelten. Schon während der Arbeit an der Trilogie beginnt die Zeit des politischen Engagements für die SPD. Weitere Romane sind *Örtlich betäubt* (1969) und *Der Butt* (1977). Während *Örtlich betäubt* ein Roman des Hier und Jetzt ist, der im Berlin der Schreibgegenwart verortet ist und Probleme des Tages thematisiert, obwohl immer wieder verdeckt Elemente der Grass'schen Biographie aufgegriffen werden, holt der *Butt* weit aus, um im Rückgriff auf Prähistorie und Volksmärchen eine persönliche Menschheitsgeschichte zu gestalten, die bis in die Zukunft reicht. Aus einem intensiven Endzeitgefühl heraus entstand der Roman *Die Rättin*, in dem Ängste und Gefahren der 1980er Jahre verarbeitet sind, ähnlich wie im Falle des *Butts*, unter weitgehender Verwendung von Märchenmotiven und -strukturen.

Mit der Erzählung *Unkenrufe* zeigt sich Grass als kritischer Beobachter der Wiedervereinigung, dies-

■ Danziger Trilogie

mal mit sehr realistischem Habitus, und noch in seinem erzählenden und zugleich malerischen Werk *Mein Jahrhundert* ist ihm das Historische unverändert wichtig.

Die erinnernde Funktion der Literatur bleibt auch in der zweiten Novelle, *Im Krebsgang* (2002), bestimmend. Sie befasst sich mit dem Untergang der »Wilhelm Gustloff«, aber auch und eigentlich vor allem mit der Notwendigkeit, sich dem Gewesenen in Geschichte und Lebensgeschichte zu stellen. Die in diesem wie in den meisten vorangegangenen Werken prominente Forderung nach Aufarbeitung der Vergangenheit wird erst recht in dem letzten rein erzählenden Werk, dem stark autobiographischen *Beim Häuten der Zwiebel* (2006), ernst genommen. Hier tritt zu der Beschäftigung mit der deutschen Vergangenheit die mit der eigenen Biographie. Dabei wird auch die Zeit des Autors bei der Waffen-SS ab November 1944 behandelt, was einen Skandal in der Öffentlichkeit auslöst. Besonders seine Rolle als Mahner und moralische Instanz provoziert heftige Kritik. Er wird sogar von konservativen Politikern zur Rückgabe des Nobelpreises aufgefordert, der ihm 1999 verliehen worden war.

■ Werke seit 2000

2012 erscheint das israelkritische Gedicht *Was gesagt werden muss* in der *Süddeutschen Zeitung*. Es wird in der Öffentlichkeit überwiegend abgelehnt.

In *Vonne Endlichkait*, einem 2015, kurz nach dem Tod des Autors am 13. April, erschienenen Gesamtkunstwerk aus Lyrik, Prosa und Illustration, kehrt sich das Erinnern fast ganz ins Private und wird dabei selbstironisch und versöhnlich; ähnlich verhält es sich mit dem Lyrikband *Eintagsfliegen* aus dem Jahr 2012.

Werktabelle

Epik

Die Blechtrommel. Roman. Neuwied/Berlin 1959.

Katz und Maus. Eine Novelle. Neuwied/Berlin 1961.

Hundejahre. Roman. Neuwied/Berlin 1963.

Örtlich betäubt. Roman. Neuwied/Berlin 1969.

Aus dem Tagebuch einer Schnecke. Roman. Neuwied/Darmstadt 1972.

Der Butt. Roman. Neuwied/Darmstadt 1977.

Das Treffen in Telgte. Erzählung. Darmstadt/Neuwied 1979.

Kopfgeburten oder Die Deutschen sterben aus. Darmstadt/Neuwied 1980.

Die Rättin. Roman. Darmstadt/Neuwied 1986.

Unkenrufe. Erzählung. Göttingen 1992.

Ein weites Feld. Roman. Göttingen 1995.

Mein Jahrhundert. Göttingen 1999.

Im Krebsgang. Novelle. Göttingen 2002.

Beim Häuten der Zwiebel. Erinnerungen. Göttingen 2006.

Die Box. Roman. Göttingen 2008.

Grimms Wörter. Eine Liebeserklärung. Göttingen 2010.

Vonne Endlichkait. Göttingen 2015.
Die Arthur-Knoff-Geschichten. Göttingen 2019.

Lyrik

»Lilien aus Schlaf«. Gedicht. In: *Akzente. Zeitschrift für Dichtung.* Nr. 3. 1955. [Erste Veröffentlichung.]
Die Vorzüge der Windhühner. Gedichte und Graphiken. Berlin 1956.
O Susanna. Ein Jazzbilderbuch. Deutsche Texte: Günter Grass. Köln/Berlin 1959.
Gleisdreieck. Gedichte mit Zeichnungen des Verfassers. Berlin 1960.
Ausgefragt. Gedichte und Zeichnungen. Neuwied/ Berlin 1967.
Gesammelte Gedichte. Darmstadt 1971.
Mariazuehren. Gedicht. Mit Photographien von Maria Rama. München 1973.
Liebe geprüft. Gedichte. Bremen 1974.
Ach Butt, dein Märchen geht böse aus. Gedichte und Radierungen. Darmstadt/Neuwied 1983.
Novemberland. 13 Sonette. Göttingen 1993.
»Was gesagt werden muss«. Einzelveröffentlichung in der *Süddeutschen Zeitung.* 10. 4. 2012.
Eintagsfliegen. Gelegentliche Gedichte. Göttingen 2012.
Du. Ja Du. Liebesgedichte. Ausgewählt und mit einem Nachwort von Katja Lange-Müller. Göttingen 2018.

Theater und Ballett

Hochwasser. Stück in zwei Akten. UA 1957.

Stoffreste. Ballett in einem Akt. UA 1957.

Onkel, Onkel. Ein Spiel in vier Akten. UA Köln 1958.

Beritten hin und zurück. Ein Vorspiel auf dem Theater. UA Frankfurt am Main 1959.

Noch zehn Minuten bis Buffalo. Stück in einem Akt. UA Bochum 1959.

Fünf Köche. Ballett. UA Aix-les Bains und Bonn 1959.

Die bösen Köche. Ein Drama in fünf Akten. UA Berlin 1961.

Goldmäulchen. Eine öffentliche Diskussion. UA München 1964.

Die Plebejer proben den Aufstand. Ein deutsches Trauerspiel. UA Berlin 1966.

Davor. Ein Stück in 13 Szenen. UA Berlin 1969.

Die Vogelscheuchen. Ballett. UA Berlin 1970.

Einordnung des Werkes in das Gesamtwerk des Autors und in die Literaturgeschichte

Günter Grass ist der Öffentlichkeit auch heute noch vor allem als Romanautor bekannt. Dabei ist, wie aus der Biographie hervorgeht, sein Schaffen deutlich

■ Vielfältiges künstlerisches Schaffen

vielfältiger. Die eigentliche künstlerische Ausbildung betraf ja eher den Bereich der bildenden Kunst. Dabei handelt es sich nicht um einen ersten, dann zugunsten der Schriftstellerei aufgegebenen Versuch, sich auszudrücken. Noch in seinem späten Werk, besonders in *Mein Jahrhundert*, aber auch in *Vonne Endlich-kait* findet sich die Verbindung von Bild- und Text-kunst; und schon *Die Vorzüge der Windhühner*, der erste Gedichtband und damit die erste Buchveröf-fentlichung überhaupt, vereinen Texte und Zeich-nungen. Innerhalb des Schriftstellerischen ist eine Beschäftigung mit allen Hauptgattungen der schönen Literatur zu verzeichnen. Während er aber die Arbeit an der Dramatik schon früh eingestellt hat, sind Lyrik und Prosa bis an sein Lebensende vertreten. Im Be-reich der als Letztes begonnenen Prosa steht die *Dan-ziger Trilogie* ganz am Anfang. Diese drei Erzählwerke gehören eng zusammen. Neben den gleichen Schau-plätzen belegen häufige motivische Querverweise die Verwandtschaft ebenso wie das Auftauchen von Per-sonen aus dem einen Werk in den anderen. So ist in *Katz und Maus* mehrfach am Rande von einem drei-jährigen Jungen die Rede, der mit einer Trommel herumzieht, freilich ohne in die Novellenhandlung einzutreten und ohne mehr als beiläufig bemerkt zu werden. Es handelt sich offensichtlich um Oskar Mat-zerath, den Helden und Erzähler der *Blechtrommel*, der hier die Verbindung zwischen Roman und Novel-le markiert. Allerdings war *Katz und Maus* nicht ur-sprünglich als eigenständiges Werk, sondern als Teil des späteren Romans *Hundejahre* geplant. So ist auch die motivische und inhaltliche Nähe zwischen den beiden letzten Werken deutlich größer als die beider zur *Blechtrommel*. Die Erzähler und Protagonisten Heini Pilenz und Harry Liebenau – der Cousin Tul-

■ Veranke-rung von *Katz und Maus* im Gesamt-werk

las – ähneln sich in auffälliger Weise, Inhalte von *Katz und Maus* finden sich in den *Hundejahren* ausgeweitet wieder, so dass es tatsächlich nicht schwerfällt, sich die Novelle als Teil des Romans vorzustellen. Alle drei Werke stehen unter einem starken Druck des Erinnerns und Aufarbeitens. Wieder ins Leben gerufen wird die nach dem Krieg unerreichbar gewordene Welt des alten Danzig. Aufgearbeitet werden auf von der Öffentlichkeit vielfach schmerzhaft empfundene Weise das Dritte Reich allgemein und das Verhalten einzelner Menschen in typischen Situationen dieser Zeit. Dabei beschränkt sich keines der drei Werke auf reine Erfüllung von Forderungen nach »littérature engagée«. Auch formal betritt die *Danziger Trilogie* Neuland (siehe hierzu auch das Kapitel 4: »Form und literarische Technik«).

In der allgemeinen Würdigung steht *Katz und Maus* heute sehr im Windschatten der *Blechtrommel*. Dem Werk eigentümlich ist indes seine Novellenhaftigkeit, die ihm einen besonderen Platz in der Geschichte dieser Gattung sichert. Zum einen ist es schon eine Besonderheit, in der Nachkriegszeit überhaupt eine Novelle zu verfassen und sie so zu nennen. Diese besondere literarische Form hatte ihre produktivste Zeit im 19. Jahrhundert und war, aus in der Forschung benannten verschiedenen Gründen, nach dem Zweiten Weltkrieg quantitativ stark zurückgegangen. Umso erstaunlicher ist es, dass *Katz und Maus* zunächst als Novelle gerade nicht oder kaum zur Kenntnis genommen wurde. Man vermisste die in

■ Besondere Stellung von *Katz und Maus* innerhalb des Werkes

der Novelle übliche geschlossene Form ebenso wie die Objektivität des Erzählers. Allerdings ist die Übereinstimmung mit der Gattungsbestimmung Novelle in vielen Punkten so groß, dass die Grass-Novelle mit ihren Abweichungen von der strengen Form eher als eine weiterentwickelte denn misslungene Novelle gelten muss. Hugo Aust spricht im Zusammenhang mit *Katz und Maus* sogar von einem gattungsgeschichtlichen Wendepunkt[11], mit dem die Gattung weitergeführt werde. So zeigt sich die erste Novelle des Günter Grass als, obwohl in eine Trilogie eingebundenes, singuläres Werk, das zu Recht in der modernen Literaturgeschichtsschreibung eine besondere Stellung einnimmt. Dabei liegt die Besonderheit vor allem im Formalen. Diese formale Modernität wird in der zweiten Novelle *Im Krebsgang* nicht mehr erreicht. Es kennzeichnet aber insgesamt das Werk des Günter Grass, dass besonders formal immer wieder neue Wege beschritten werden, in seinem Spätwerk zum Beispiel auch in der Verschränkung von Bild und Text.

■ *Katz und Maus* als Innovation der Gattung Novelle

Adoleszenzliteratur

Im Zentrum des Interesses von *Katz und Maus* steht mit der Pubertät eine menschliche Entwicklungsstufe, die besonders seit dem beginnenden 20. Jahrhundert in der Literatur stärkere Aufmerksamkeit erlangt

11 Hugo Aust, *Novelle*, Stuttgart ⁵2012.

hat. Allerdings ist in den großen erzählenden Werken der Adoleszenzliteratur, wie Musils *Verwirrung des Zöglings Törleß* oder Rilkes *Aufzeichnungen des Malte Laurids Brigge*, das Augenmerk auf die Orientierungslosigkeit eines Heranwachsenden in einer unverständlichen Welt, verbunden mit Schwierigkeiten, sich selbst zu verstehen, gelegt. In *Katz und Maus* dagegen ist es, wie schon und noch deutlicher in der *Blechtrommel*, die Welt selbst, die verwirrt und orientierungslos ist. Die Richtungs- und Orientierungslosigkeit der Welt ist in der Nachkriegsliteratur gewiss kein ungewöhnliches Thema. Grass aber gibt der Adoleszenzliteratur, ähnlich wie der Gattung der Novelle, einen neuen Aspekt bzw. eine neue Richtung, indem er sie umdeutet. War die Adoleszenzliteratur in der Vorkriegszeit noch vor allem an den Veränderungen im Inneren des heranwachsenden Menschen interessiert, der sich einer unveränderlichen Welt gegenübersieht, so kann der Jugendliche in *Katz und Maus* mit all seinen Unsicherheiten nicht einmal mehr auf die Beständigkeit der Welt vertrauen.

■ Verwirrte Jugend versus verwirrte Welt

Katz und Maus zeigt sich als ein Werk, das im Spannungsfeld mehrerer literarischer Traditionen steht. Diese werden aber nicht geradlinig fortgeführt, sondern umgeformt und weiterentwickelt. Damit markiert die Novelle einen wichtigen Abschnitt in der Entwicklung der Nachkriegsliteratur, behauptet sich aber andererseits, unabhängig von Traditionen, als sehr eigenständiges Werk.

8. Rezeption

Katz und Maus erschien als Folgewerk zur *Blechtrommel*, dem bis dahin am stärksten beachteten und am kontroversesten diskutierten Werk des noch keineswegs arrivierten Autors Grass. So war die Rezeptionssituation der Novelle von Anfang an eine besondere. Der große Erfolg der *Blechtrommel* bei der Leserschaft einerseits, das sehr zwiespältige Medienecho andererseits hatten einen hohen Erwartungsdruck auf das nächste Werk des plötzlich berühmt Gewordenen entstehen lassen. Inhaltlich fanden sich Gründe zur Ablehnung, die denen zur *Blechtrommel* sehr ähnelten. Unmoral wurde der Novelle vorgeworfen, aber auch Verunglimpfung Danzigs und seiner Bewohner, des Katholizismus und des Militärs. 1962 wurde gar der Antrag gestellt, das Buch in das Verzeichnis jugendgefährdender Schriften aufzunehmen. Dabei lassen sich zwei Kristallisationspunkte der Ablehnung ausmachen. Zum einen war besonders die Onanie-Szene im dritten Kapitel Anlass für heftige Angriffe. Zum anderen nahmen ehemalige Angehörige der Wehrmacht und Verteter der neuen Bundeswehr Anstoß an der Behandlung des Ritterkreuzes. Inhalt und Form der Auseinandersetzung, die gut dokumentiert sind, erweisen sich noch heute als sehr aufschlussreich für das kulturelle Leben der Epoche. Auffällig ist, dass die gleichzeitige internationale Kritik in deutlich stärkerem Maß, wie schon im Fall der *Blechtrommel*, die Qualitäten des Buches hervorgeho-

■ Hauptangriffspunkte

ben hat. Tatsächlich lässt sich vom Erscheinen der *Blechtrommel* an das Entstehen einer internationalen Popularität beobachten, die rasch bis zum Weltruhm führt. Diese lässt sich sowohl durch die zügige Übersetzung in mehrere Sprachen als auch durch den schnell eintretenden eindrucksvollen Verkaufserfolg belegen. In den USA übertreffen die Verkaufszahlen der *Blechtrommel* die in Deutschland. Mehrere berühmte Autoren, zum Beispiel Umberto Eco oder John Irving, bezeichnen in der Folge Grass als literarisches Vorbild. Fast lässt sich in der Heftigkeit der Angriffe in der deutschen Kritik ein geographischer Maßstab anlegen, nach dem mit der Entfernung zum Schauplatz Danzig und der Erlebniswirklichkeit des Dritten Reiches die Bereitschaft zugenommen hätte, das Werk unvoreingenommen vor allem auf formale und erzählerische Originalität hin zu lesen. Heute, mit der auch zeitlichen Entfernung, finden sich kaum mehr negative Äußerungen zu *Katz und Maus*.

■ Die heutige Rezeption

Die wissenschaftliche Rezeption hat sich der Novelle auf für Werke von Günter Grass typische Weise angenommen. Am Anfang überwogen Würdigungen aus dem Ausland. Die deutsche Literaturwissenschaft, die heute die Mehrzahl der Untersuchungen zu *Katz und Maus* stellt, scheint erst etwas verzögert die Novelle bemerkt zu haben. Dann jedoch hat die Aufmerksamkeit rasch zugenommen. Heute steht eine beachtliche Zahl von Untersuchungen zu verschiedenen Aspekten zur Verfügung, wobei, was die Menge der Arbeiten angeht, *Katz und Maus* immer noch

■ Die wissenschaftliche Rezeption

sehr im Schatten der berühmteren *Blechtrommel* steht. Eine Besonderheit der Grass-Forschung ist es, dass eine beachtliche Beschäftigung mit der Grass-Rezeption schon zu Lebzeiten stattfand. Diese Forschungsrichtung ergibt sich aus der Auffälligkeit, dass Grass ein in Deutschland ebenso viel gelobter wie viel gescholtener Autor war.

Ein gängiger Ansatz in der Wissenschaft ist es, in der Beschäftigung mit *Katz und Maus* vor allem den Aspekt der Bewältigung und Verarbeitung des Dritten Reiches zu betonen. Dabei wird dann in der Regel der realistische Anteil im Werk betont, der Autor wird als der Mahner und Chronist Grass sichtbar. Früh begann auch die Beschäftigung mit Erzählhaltung und Erzählstil. Hier setzte sich eine Ausrichtung des wissenschaftlichen Interesses fort, die sich bereits in der Beschäftigung mit der *Blechtrommel* etabliert hatte. Eine Arbeit ist aus der großen Zahl an Untersuchungen herauszuheben, es ist dies die frühe Arbeit von Gerhard Kaiser aus dem Jahr 1971,[12] die die weitere Forschung stark durch mehrfache neue Ansätze geprägt hat. Zum einen findet sich bei Kaiser eine in sich tragende Klärung der Adam- und Christus-Verweise in Beschreibungen und Verhaltensweisen Mahlkes in Verbindung mit Charakteristiken verschiedener Gruppen im Werk. Sein eigentliches Augenmerk gilt aber dem Erzähler Pilenz als vorläufigem Endpunkt einer Entwicklung des Erzählerbewusstseins in der

■ *Katz und Maus* als zeitgeschichtliche Novelle

■ Die religiöse Ebene

---

12 Kaiser (s. Anm. 5).

Novelle seit der deutschen Klassik. Die Beschäftigung mit dem Erzähler Pilenz hatte zwar in der Forschung schon früh eingesetzt, bezogen jedoch vor allem auf die Handlungsebene der Novelle. Früh finden sich auch Überlegungen zur Behandlung von *Katz und Maus* in der Schule.

Eine künstlerische Fortsetzung hat *Katz und Maus* in der Verfilmung von Hansjürgen Pohland gefunden. Der mit viel Detailsorgfalt gearbeitete Film wurde 1967 in Berlin uraufgeführt. Der Film, obwohl in der Darstellung dessen, was in der Buchfassung erzählt wird, sehr diskret, erregte fast noch heftigeres Aufsehen als das Buch. Wieder waren es vor allem Vorwürfe der Unsittlichkeit und der Verunglimpfung von Auszeichnungen, die an den Film herangetragen wurden. Zusätzlicher Grund zur Ablehnung schien zu sein, dass die Söhne Willy Brandts als Schauspieler mitwirkten. Dadurch geriet die interessante Darstellung des Pilenz durch Wolfgang Neuß in den Hintergrund. Der Film wurde 1974 noch einmal im Fernsehen ausgestrahlt, ist aber heute, im Gegensatz zur Novelle selbst, kaum noch bekannt.

■ Die Verfilmung

9. Wort- und Sacherläuterungen

1. Kapitel

9,18 **Drussel:** Schiffstau.

9,18 **Minimax:** Feuerlöscher der Firma »Minimax«.

10,9 **Schotts:** wasserdichte Quer- oder Längswände in einem Schiff.

17,7 **Stufengebete:** Gebete des Priesters vor der Messe an den Stufen des Altars; mit dem Zweiten Vatikanischen Konzil abgeschafft.

17,19 **nach dem Rummel in Frankreich:** Gemeint ist der deutsche Westfeldzug gegen Frankreich im Frühsommer 1940.

17,25 **mittenmang:** niederdeutsch: mittendrin.

18,17 **Pilsudski:** Józef Klemens Pilsudski (1867–1935), polnischer Politiker und Marschall, erster Staatschef Polens nach 1918.

18,28 **Matka Boska Czestochowska:** Die »Schwarze Madonna von Tschenstochau« ist noch heute eines der meistverehrten Heiligtümer Polens.

19,13 **Amtsleiter:** Mitglied der NSDAP in mehr oder weniger führender Position. Menschen in leitenden Positionen, wie Schuldirektor Klohse, sahen sich oft gewissem Druck ausgesetzt, der Partei beizutreten. Die leitende Position allerdings scheint Klohse freiwillig übernommen zu haben.

19,13 **Parteikluft:** Parteiuniform, die zu tragen als Bekenntnis zum nationalsozialistischen System verstanden wurde.

19,19 **Bonte:** Kommodore Friedrich Bonte wurde 1940 postum das Ritterkreuz verliehen.

2. Kapitel

21,33 **Sixtinischen Madonna:** Marienbild von dem italienischen Maler Raffael, eigentlich Raffaello Santi (1483–1520).

22,3f. **Schnee-Eule:** einzelgängerischer Nachtvogel, der stark bejagt wurde und heute fast ausgerottet ist.

24,19 **Primus:** (lat.) Erster, hier: Klassenbester.

24,28 **Überzieher:** Präservativ.

25,31 **Kombüse:** Schiffsküche.

27,2 **Hostie:** scheibenförmige Oblate für Messfeier, Kommunion und Abendmahl.

27,9 **Jungvolk:** Äquivalent zur Hitlerjugend für Jungen von 10 bis 14 Jahren.

27,10 **Hitlerjugend:** Jugendorganisation der NSDAP für Jungen von 14 bis 18 Jahren mit dem Ziel, Jugendliche auf die Weltanschauung des Nationalsozialismus einzuschwören. Die Mitgliedschaft war offiziell freiwillig, es war aber schwer, sich der Forderung nach Teilnahme zu entziehen.

27,24 **Schulungsabende:** obligatorische Versammlungen zur politischen Ausrichtung der Hitlerjugend.

28,4f. **farbigen Schülermützen:** An der Farbe der Schülermützen damaliger Gymnasien war sowohl die Zugehörigkeit zu einer bestimmten Schule als auch die zu einer bestimmten Klassenstufe zu erkennen.

28,33 **Westerplatte:** Landzunge gegenüber Danzig, Ort

eines offiziellen polnischen Munitionslagers und der Ort, an dem der Zweite Weltkrieg, in Sichtweite Danzigs, ausbrach.

30,8 **Wohnhulk:** altes, abgetakeltes Schiff, das fest im Hafen liegt und als Wohnraum genutzt wird.

31,10 **Scapa Flow:** Bucht der Orkney-Inseln, Ort der Selbstversenkung eines großen Teils der deutschen Flotte nach dem Ersten Weltkrieg.

3. Kapitel

32,26 **Spirkel:** dünnes Geschöpf.

33,33 **Beichtspiegel:** Verzeichnis häufiger Sünden zur Vorbereitung auf die Beichte.

36,31f. **toten Mariner:** Die Ballade *The Rime of the Ancient Mariner* von Samuel Coleridge berichtet vom Fluch, der einen alten Seemann trifft, als er einen Albatros, den Glücksvogel der Seeleute, tötet.

37,13 **verkehrt herum:** Synonym für homosexuell.

39,2 **»Stürmer«:** erfolgreiches nationalsozialistisches Wochenmagazin extrem antisemitischen Charakters. Berüchtigt waren vor allem karikaturistische Zeichnungen und undifferenzierte Darstellungen.

4. Kapitel

40,23 **bezugscheinfrei:** Im Zweiten Weltkrieg wurden Lebensmittel und Waren des täglichen Bedarfs schon früh rationiert und waren nur noch auf Bezugschein zu bekommen. »Bezugscheinfrei« bedeutet, dass die Ware nicht rationiert ist und somit ohne Einschränkungen gekauft werden kann.

41,16 **»Dunkle Giebel, hohe Fenster ...«:** Beginn des Eichendorff-Gedichts *In Danzig* (1842).

41,22 **Freimaurer:** internationale Vereinigung mit besonderen Riten, die in sogenannten Logen organisiert ist. Sie wurde wie alle anderen nichtstaatlichen Organisationen im Dritten Reich verboten.

41,26 **Stutthof:** Ort an der Danziger Bucht, im Text ist das Konzentrationslager Stutthof gemeint, in dem unter anderem innenpolitische Gegner des Regimes isoliert und ermordet wurden.

41,33 **Sexta:** entspricht der heutigen fünften Schulklasse.

42,19 **Clown Grock:** eigentlich Charles Adrien Wettach (1880–1959), weltbekannter Clown, der, ähnlich wie der ebenfalls erwähnte Chaplin, die Verbindung von Komischem mit Tragischem in der Person des Clowns bzw. Komikers etablierte.

48,30 **Tabernakel:** Schrein zur Aufbewahrung des Allerheiligsten, zum Beispiel des Hostiengefäßes.

5. Kapitel

51,12 **Führerhauptquartier:** militärisches Befehlszentrum im Zweiten Weltkrieg. Eines der Führerhauptquartiere, die sogenannte Wolfsschanze, befand sich in der Nähe von Rastenburg in Ostpreußen.

52,4 **Kanal:** Gemeint ist der Ärmelkanal, an und über dem der Luftkrieg besonders heftig und verlustreich war.

52,13 **Spitfire:** meistgebautes britisches Flugzeug des Zweiten Weltkrieges.

6. Kapitel

58,4f. **Unter- und Obertertia:** entsprechen der heutigen achten und neunten Klasse des Gymnasiums.

62,17 **»Tsushima«:** Roman (1936) von Frank Thieß (1890–1977). Die Seeschlacht bei Tsushima 1905 besiegelte die Niederlage der russischen Flotte im russisch-japanischen Krieg.

62,18 **Dwinger:** Edwin Erich Dwinger (1898–1981), deutscher Verfasser stark nationalistischer Romane, die Kriegserlebnisse glorifizieren.

64,4 **sporadisch:** selten.

66,3 **»Tosca«:** italienische Oper von Giacomo Puccini (1858–1924).

66,4 **Humperdinck:** Engelbert Humperdinck (1854–1921), deutscher Komponist, heute vor allem durch die Oper *Hänsel und Gretel* berühmt.

66,8 **Zarah:** Zarah Leander (1907–1981), schwedische Sängerin und Schauspielerin, Star zahlreicher Propaganda- und Durchhaltefilme während des Dritten Reiches.

7. Kapitel

68,29 **Pedell:** Hausmeister an einer Schule.

69,4 **Kaleu:** Abkürzung: Kapitänleutnant.

69,18 **Langemarck:** Ort einer Schlacht im Ersten Weltkrieg. Dem nationalen Mythos nach sollen dort junge Kriegsfreiwillige, das Deutschlandlied singend, im begeisterten Sturm gegen die feindlichen Linien gefallen sein.

71,17 **Reserveaalen:** Torpedos in Reserve.

8. Kapitel

82,7 **Albe:** geistliches Gewand, das unter liturgischer Kleidung, zum Beispiel unter dem Vespermantel, zu tragen ist.

83,27 **Mandel:** alte Mengeneinheit, entspricht 15 Stück.

85,15 **im schralen Wind:** im schwachen, ungünstigen Wind.

88,14 **Pour le mérite:** preußischer Orden, gestiftet 1740 von Friedrich dem Zweiten.

9. Kapitel

93,11 **Wehrertüchtigungslager:** In Wehrertüchtigungslagern fand die vormilitärische Ausbildung der Hitlerjugend statt.

93,25 **Störtebecker:** Die Störtebecker-Bande war eine Gruppierung von Jugendlichen, die sich insgeheim dem Zugriff der Hitlerjugend zu entziehen suchten. Bekannter waren die vor allem gegen Kriegsende erstarkenden »Edelweißpiraten« oder auch die im Text erwähnte »Stäuberbande«.

100,15 **Wirtschaftsamt:** zentrale Verteilungsstelle für alle im Krieg rationierten Waren.

103,32 **Feldpostbriefe:** portofreie Briefe an die Front und von der Front zurück, meist einzige Verbindung zu den Angehörigen.

10. Kapitel

106,8 **kafkaesk:** nach dem Schriftsteller Franz Kafka (1883–1924). Gemeint ist mit dem Adjektiv für gewöhnlich ›düster, unheimlich‹ und ›grotesk‹.

107,1f. **Reichsarbeitsdienst:** halbjähriger Arbeitsdienst in der Zeit vom 18. bis 25. Lebensjahr. Der RAD diente vor allem seit Kriegsbeginn der vormilitärischen Ausbildung.

107,2 **Notabitur:** Schüler, die sich freiwillig zur Wehrmacht meldeten oder eingezogen wurden, konnten ihr Abitur vorzeitig und in reduziertem Umfang ablegen.

108,1 **Le Nôtre:** André le Nôtre (1613–1700), Gartenbaumeister des französischen Barock. Er entwickelte maßgeblich den streng geometrisch angelegten »französischen Garten«.

11. Kapitel

114,3f. **Organisation Todt:** Die Organisation Todt (Fritz Todt, 1891–1942) führte innerhalb des Dritten Reiches zivile und militärische Bauprojekte durch.

114,20 **Krim-Schild:** Auszeichnung für Soldaten, die an den Kämpfen auf der Krim teilgenommen haben.

12. Kapitel

122,1 **Geschiebemergel:** eiszeitliche Ablagerungen von in Gletschern mitgeführtem Material. Besonders in Norddeutschland finden sich viele Moränenlandschaften, die es möglich machen, die Gletscher der Eiszeit zu rekonstruieren.

122,4 **Löns:** Hermann Löns (1866–1914), deutscher Schriftsteller; der Verfasser gefühlvoller Heidelyrik zeigt in seinen Werken Ansätze einer germanisch-deutschen Blut-und-Boden-Ideologie.

124,18 **Askese:** Enthaltsamkeit.

128,31 **Gauleitung:** Das nationalsozialistische Deutschland war in sogenannte Reichsgaue als Teilgebiete eingeteilt. Oberstes Organ der Partei innerhalb eines Gaus war die Gauleitung.

131,29 **Kierkegaard:** Sören Kierkegaard (1813–1855), dänischer Philosoph, in dessen Werk die Phänomene der Angst und der Verzweiflung zentrale Themen sind. Der christliche Glaube ist bei ihm einerseits von Zweifeln bedroht, andererseits Ausweg aus der Verzweiflung.

131,30 **Dostojewski:** Fjodor Michailowitsch Dostojewski (1821–1881), russ. Dichter. Auch in seinem Werk geht es um religiös-philosophische Fragen der menschlichen Existenz.

133,3 **Kriegshilfsdienst:** In den letzten Kriegsjahren wurden dort im Berufsleben, wo Männer fehlten, Frauen verpflichtet.

13. Kapitel

134,1 »**Misereatur ... vestris ...**«: liturgische Bitte um Vergebung.

134,7 »**Indulgentiam ... vestrorum ...**«: weitere Bitte um Vergebung.

134,15 »**Ecce Agnus Dei ...**«: »Seht das Lamm Gottes«, Thematisierung Christi in der Liturgie.

138,24 **Inwasjon:** Invasion. Gemeint ist die Landung alliierter Truppen im Juni 1944 in der Normandie.

149,1 **Werkschutz:** nichtpolizeiliche Bewachung von Fabriken und Industrieanlagen.

10. Prüfungsaufgaben mit Lösungshinweisen

Die nachfolgenden Aufgaben können als Themen für Übungsaufsätze oder eigenständige Hausarbeiten, aber auch als Schwerpunkte eines Prüfungsgespräches behandelt werden. In allen Fällen liegt der Fokus auf Erkenntniszielen, die der vertieften Lektüre eine eigene Richtung geben können. Die Aufgaben können auch einfach zum vertieften Nachdenken über Aspekte der Novelle einladen und zu vertieften Einsichten führen.

Aufgabe 1: Eine Person charakterisieren

Arbeitsauftrag 1: Charakterisieren Sie die Figur des Mahlke. Gehen Sie dabei besonders auf Merkmale ein, die ihn als Außenseiter kenntlich machen, aber auch auf Mahlkes Umgang mit seiner Außenseiterrolle.

Lösungshinweise

- Zur Charakterisierung einer Person gehört die Personenbeschreibung, die sich der im Text gesammelten Beschreibungsdetails und erwähnten Merkmale bedient.
- Die Bearbeitung der Aufgabe verlangt neben Aufmerksamkeit für Hinweise und Motive sichere Textkenntnis, da die entscheidenden Textstellen nicht auf eine Textstelle konzentriert sind. Wesentlich sind Aspekte,

die Mahlke von seiner Umgebung, insbesondere von seinen Mitschülern unterscheiden, wie zum Beispiel der große Adamsapfel oder die anfängliche Unfähigkeit zu schwimmen.

- Neben den Merkmalen, die Mahlke als Außenseiter kenntlich machen, ist auch sein Umgang mit ihnen von Belang. Dieser reicht von Aufhebung der Andersartigkeit (er lernt schwimmen), über Versuche, seine Besonderheit zu kaschieren (die Objekte vor dem Adamsapfel), bis zum Beharren auf persönlicher Besonderheit (die Religiosität und seine Rolle als Messdiener) und Inkaufnahme der daraus resultierenden Angreifbarkeit. Eine Bearbeitung der Aufgabe wird auf die in Mahlkes Verhalten sichtbar werdende Ambivalenz oder sogar Widersprüchlichkeit eingehen müssen. Es muss geklärt werden, wann er zur Masse gehören will und wann er sichtbar aufbegehrt.

Aufgabe 2: Ein Motiv verfolgen

Arbeitsauftrag 2: Verfolgen Sie das Motiv des Ritterkreuzes im Verlauf der Novelle und beschreiben Sie seine Funktion im Text.

Lösungshinweise

- Der übergroße Adamsapfel Mahlkes ist von Anfang an Kennzeichen seiner Verwundbarkeit als Außenseiter, seit zu Beginn der Novelle der ungeschützte Adamsapfel von einer Katze angegriffen wurde. Nachdem Schraubenzieher und »Puscheln« sich als unzureichender Schutz erwiesen haben, ergibt sich das Ritterkreuz als in der Folge begehrtes Objekt mit erhofft mächtiger Schutzwirkung.

- Die Bearbeitung der gestellten Aufgabe erfordert zunächst das Aufsuchen von Textstellen, in denen das Motiv sichtbar wird. In der Folge wird zu untersuchen sein, inwiefern das Motiv wirksam wird, beziehungsweise sich unterschiedlich darstellt. Dazu gehört zum Beispiel der Unterschied zwischen dem gestohlenen und dem erworbenen Ritterkreuz. Denkbar sind auch Vergleiche mit anderen Schutzobjekten wie den Puscheln oder den Leuchtknöpfen.

- Wenn sowohl Erscheinungsorte wie -formen des Motivs erfasst und beschrieben sind, lässt sich eine Deutung des Werkes unternehmen, die von dem untersuchten Motiv ausgeht. Sowohl das letztliche Versagen des Ritterkreuzes als Schutz, als auch die Notwendigkeit eines Schutzes für den Außenseiter Mahlke lassen Rückschlüsse über das Urteil zu, das der Text über die beschriebene Zeit fällt.

Aufgabe 3: Erörternde Betrachtung der Novelle mit längerem Außentext (hier: Franz Kafka: »Kleine Fabel«)

Arbeitsauftrag 3: Der Titel der Novelle verweist auf ein altes literarisches Thema. Erörtern Sie, inwiefern die Situation in der Novelle der in der Fabel gleicht.

Kleine Fabel

»Ach«, sagte die Maus, »die Welt wird enger mit jedem Tag. Zuerst war sie so breit, daß ich Angst hatte, ich lief weiter und war glücklich, daß ich endlich rechts und links in der Ferne Mauern sah, aber diese langen Mauern eilen so schnell aufeinander zu, daß ich schon im letzten Zimmer bin, und dort im Winkel steht die Falle, in die ich laufe.« – »Du mußt nur die Laufrichtung ändern«, sagte die Katze und fraß sie.

Franz Kafka, *Kleine Fabel*, in: F. K., *Erzählungen*, hrsg. von Michael Müller und mit einem Nachwort von Gerhard Kurz, Stuttgart 1995 [u. ö.] (Reclams Universal-Bibliothek Nr. 9426), S. 257.

Lösungshinweise

• In Kafkas sehr kurzem Text wird aus der Sicht der Maus ihre ausweglose Situation beschrieben. Sowohl die Gattungsbezeichnung »Fabel« als auch das menschenartige Verhalten der Maus machen deutlich, dass hier die Situation des Menschen in einer grundsätzlich unausweichlichen Lebenssituation Thema wird. Dazu gehört auch das bei Kafka häufig thematisierte Grundgefühl der Angst. Die Erörterung muss in einem ersten Schritt den Außentext (die »kleine Fabel«) erschließen und deuten. Erst dann kann die Novelle in den Blick genommen werden.

- Im Titel der Novelle, »Katz und Maus«, spiegelt sich die komplexe und widersprüchliche Beziehung der beiden Protagonisten zueinander. Auf der Handlungsebene bringt letztlich Pilenz Mahlke zur Strecke, indem er ihn in die Falle lockt. Das tragische Ende ist, im Gegensatz zu der Situation bei Kafka, eher individuelles Schicksal als menschliche Grundsituation. In beiden Fällen aber steht Ausweglosigkeit für die Maus am Ende.

- Eine Erörterung wird Gemeinsamkeiten und Unterschiede der Situationen beleuchten müssen. Das eigentliche Erörtern kann sich auf Fragen nach der Handlungsfreiheit in der Novelle beziehen. Dabei sind beide Protagonisten lohnende Untersuchungsobjekte, ebenso die Novelle als ganzes Werk.

Aufgabe 4: Erörternde Betrachtung der Novelle mit kürzerem Außentext (hier: Zitat aus Hans Erich Nossack: *Der jüngere Bruder* [1958])

Arbeitsauftrag 4: Erörtern Sie, ob die Aussage des folgenden Zitats auf den Erzähler Pilenz zutrifft und ob sich aus Ihrer Einschätzung Konsequenzen auf das Werkverständnis ergeben.

»Wer erzählt, sitzt zu Gericht, ob er will oder nicht.«

Hans Erich Nossack, *Der jüngere Bruder*, Frankfurt a. M. 1958, S. 108.

Lösungshinweise

- Im Nossack-Zitat wird dem Erzähler eines literarischen Textes eine über das Berichten hinausgehende Rolle oder auch Funktion zugesprochen. Er sei, indem er erzählt, immer auch Richter. Die Äußerung bestreitet die Möglichkeit neutralen, nicht wertenden Erzählens. Aufgabe des erörternden Betrachtens ist es nun nach einer kurzen Erläuterung des Zitats, die Gültigkeit dieser These für die Novelle *Katz und Maus* zu überprüfen.

- Bei der Bearbeitung der Aufgabe 4 steht offensichtlich Pilenz im Fokus des Interesses. Zu seiner Rolle und Funktion ist im Kapitel 6 »Interpretationsansätze« einiges vermerkt. Es gilt nun, die dort getätigten Aussagen am Text zu überprüfen oder eigenen Deutungsideen zu folgen, immer aber in enger Arbeit am Text. Dabei gilt es, Binnen- und Rahmenhandlung in ihren Gemeinsamkeiten und ihren Unterschieden zu untersuchen.

- Als Ergebnis der Erörterung ist eine Charakterisierung des Erzählers wie des Freundes Pilenz zu erwarten, aber nicht nur die. Aspekte, die er nie explizit erwähnt, wie zum Beispiel seine Liebe zu oder sein Hass auf Mahlke, können zutage treten und als Erkenntnis formuliert werden. Vor allem kann das rätselhafte Verhalten, das wahrscheinlich zu Mahlkes Tod führt, am Ende als missglückter Versuch eines Befreiungsschlages verstanden werden, der schon im Vorfeld wiederholt angedeutet wird, eigentlich von der ersten Szene auf dem Sportplatz an. Da Pilenz als personaler Erzähler alles aus seiner Sicht und mit seiner Gestimmtheit beladen berichtet, ermöglicht die Klärung seines Erlebens eine neue und tiefere Erschließung des Werkes.

11. Literaturhinweise/Medienempfehlungen

Die wissenschaftliche Aufarbeitung des Grass'schen Werkes ist inzwischen uferlos geworden. In der Folge sollen einige wenige Veröffentlichungen genannt werden, die einen ersten Zugang zur Biographie des Autors, dem Gesamtwerk wie der Novelle *Katz und Maus* ermöglichen.

Ausgaben

Günter Grass: Katz und Maus. Eine Novelle. München: Deutscher Taschenbuch Verlag, ²2015. – *Nach dieser Ausgabe wird zitiert.*

Günter Grass: Katz und Maus. Eine Novelle. Berlin/Neuwied: Luchterhand, 1961.

Günter Grass: Katz und Maus. Eine Novelle. Reinbek b. Hamburg: Rowohlt, 1963.

Günter Grass: Katz und Maus. Berlin: Der Audio Verlag, 2018. [Ungekürzte Hörbuchfassung, aufgezeichnet während einer Lesung des Autors.]

Weitere Werke des »Danziger Quintetts«

Günter Grass: Die Blechtrommel. Berlin/Neuwied: Luchterhand, 1959.

Günter Grass: Hundejahre. Berlin/Neuwied: Luchterhand, 1964.

Günter Grass: Örtlich betäubt. Berlin/Neuwied: Luchterhand, 1969.

Günter Grass: Im Krebsgang. Göttingen: Steidl, 2002.

Film

Katz und Maus. Regie: Hansjürgen Pohland, Kamera: Wolf Wirth, Darsteller: Pilenz: Wolfgang Neuß, Mahlke: Lars und Peter Brandt. Uraufführung: Berlin 1967.

Zur Biographie des Autors

Brode, Hanspeter: Günter Grass. München 1979. (Autorenbuch 17.)

Görtz, Franz Josef (Hrsg.): Günter Grass. Auskunft für Leser. Darmstadt/Neuwied 1984.

Neuhaus, Volker: Günter Grass. Stuttgart 1979.

Neuhaus, Volker: Günter Grass. Schriftsteller, Künstler, Zeitgenosse. Eine Biographie. Göttingen 2012.

Stolz, Dieter: Günter Grass zur Einführung. Hamburg 1999.

Vormweg, Heinrich: Günter Grass. Reinbek b. Hamburg 2002 [u. ö.].

Zum Werk

Arnold, Heinz Ludwig (Hrsg.): Günter Grass. Text + Kritik. Heft 1. 7., rev. Aufl. München 1997 [Neufassung mit neuer Bibliographie]. [^{1}1963.]

Boßmann, Timm: Der Dichter im Schussfeld. Geschichte und Versagen der Literaturkritik am Beispiel Günter Grass. Marburg 1997.

Wolff, Rudolf: Günter Grass. Werk und Wirkung. Bonn 1986.

Zu *Katz und Maus*

Bernhardt, Rüdiger: Erläuterungen zu Günter Grass: *Katz und Maus.* Hollfeld 1999.

Hasselbach, Ingrid: Günter Grass: *Katz und Maus.* München 1990 [u. ö.].

Kaiser, Gerhard: Günter Grass: *Katz und Maus.* München 1971.

Ritter, Alexander: Erläuterungen und Dokumente: Günter Grass: *Katz und Maus.* Stuttgart 1977 [u. ö.].

Ritter, Alexander: Günter Grass: *Katz und Maus.* In: Interpretationen. Erzählungen des 20. Jahrhunderts. Bd. 2. Stuttgart 1996 [u. ö.]. S. 117–133.

Scherf, Rainer: *Katz und Maus* von Günter Grass. Literarische Ironie nach Auschwitz und der unausgesprochene Appell zu politischem Engagement. Marburg 1995.

Zu literarischen Begriffen und Kategorien

Aust, Hugo: Novelle. 5. Stuttgart ^{5}2012.

Genette, Gérard: Palimpseste. Die Literatur auf zweiter Stufe. Frankfurt a.M. 1993.

Genette, Gérard: Die Erzählung. Stuttgart 1998.

Eine Beschäftigung mit *Katz und Maus*, die über die oberflächliche Lektüre hinausgeht, wird auf mehr als den reinen Text angewiesen sein. Als Erstes bietet sich die Lektüre der beiden Romane aus der Danziger Trilogie, *Die Blechtrommel* und *Hundejahre*, an. Grass selber hat mehrfach die Zusammengehörigkeit der drei Werke betont und vor der isolierten Deutung einzelner Texte geradezu gewarnt. Außerdem empfiehlt sich wegen der zahlreichen Verbindungen zum Werk die Beschäftigung mit der Biographie des Autors. Eine recht umfassende Darstellung liefert Heinrich Vormweg in der Rowohlt-Monographie. Eine umfangreichere Sammlung an Informationen, vor allem aber an Dokumenten, enthalten die Bände von Alexander Ritter und Volker Neuhaus.

Für die Bearbeitung spezieller Themen sei über die knappe Literaturliste hinaus auf die Bibliographien im *Text + Kritik*-Band zu Günter Grass, herausgegeben von Heinz Ludwig Arnold, und im Sammelband von Franz Josef Görtz hingewiesen. Eine bedeutende Untersuchung soll herausgehoben werden, es ist die Arbeit von Gerhard Kaiser. Hier werden in einer frühen Veröffentlichung sehr weitsichtig die Weichen für zahlreiche weitere Untersuchungen gestellt.

Das Titelthema von Katze und Maus findet sich literarisch vielfältig verarbeitet. Hier eine kleine Auswahl:

- In der griechischen Mythologie ähnelt der Umgang der Götter mit den Menschen in verschiedenen Fällen dem für Katze und Maus beschriebenen, so zum Beispiel die zehnjährige Irreführung und Gefährdung des Odysseus.
- Das Buch Hiob im Alten Testament zeigt im Verhältnis Gottes zu Hiob Nähe zum Titelthema.
- Franz Kafka, *Kleine Fabel*, in: F. K., *Erzählungen*, hrsg.

von Michael Müller und mit einem Nachwort von Gerhard Kurz, Stuttgart 1995 [u. ö.] (Reclams Universal-Bibliothek Nr. 9426).

- Jean de La Fontaine, *Fables/Fabeln*, Auswahl, Übersetzung und Kommentar von Jürgen Grimm, Stuttgart 1987 [u. ö.] (Reclams Universal-Bibliothek Nr. 18603) [insbesondere *Le loup et l'agneau / Der Wolf und das Lamm*].

12. Zentrale Begriffe und Definitionen

Adoleszenzliteratur: Unter diesen Sammelbegriff fallen Werke, die die Adoleszenz, also den Zeitabschnitt zwischen später Kindheit und jungem Erwachsensein, behandeln. Eine erste Häufung von Texten, die die Adoleszenz thematisieren, findet sich um das Jahr 1900 mit Werken von Rilke, Schnitzler, Musil etc. Im Verlauf des zwanzigsten Jahrhunderts lebt das neue Genre weiter und weitet sich bis in die Jugendliteratur aus.
➤ S. 74 f.

Autor: Der Autor eines literarischen Werkes ist niemals mit dem Erzähler desselben identisch. Auch wenn in *Katz und Maus* vielfältig Jugenderinnerungen von Günter Grass verarbeitet sind, ist dieser weit entfernt von dem Erzähler Pilenz, den er häufig ironisiert und distanziert.
➤ S. 57, 61–68

Binnenhandlung: Die Binnenhandlung befindet sich innerhalb des Erzählrahmens und umfasst die hauptsächlich erzählte Geschichte. Sie muss also nicht als in den Hauptgang des Erzählens eingebettete zusätzliche Geschichte verstanden werden, wie es manchmal definitorisch getan wird.
➤ S. 56 f.

Coming-of-Age: Moderne Bezeichnung für Adoleszenzliteratur mit verschobenem Bedeutungsbereich, indem der Fokus der Betrachtung vor allem auf das Erwachsenwerden gelegt wird.
➤ S. 74 f.

Diegese: Zur Diegese gehört alles, was sich innerhalb der erzählten Welt befindet, alles andere wird extradiegetisch genannt, zum Beispiel Bewertungen, die der Erzähler vornimmt, oder Überlegungen, die nicht Teil der Handlung sind.

Erzählen, unzuverlässiges: Der Erzähler Pilenz erweist sich ausgesprochen häufig als unzuverlässig, indem er sich selbst im Erzählen korrigiert[13] oder auf unglaubwürdige Weise Nichtwissen behauptet[14]. Die aus diesem Verhalten resultierende Lesehaltung ist notwendig eine misstrauische. Allgemein kann unzuverlässiges Erzählen auch auf eingeschränkte Erkenntnisfähigkeit zurückzuführen sein, wie im Falle des Erzählers Serenus Zeitblom in Thomas Manns Roman *Doktor Faustus*. Entscheidend ist, dass der unzuverlässige Erzähler unvollständig oder unzutreffend berichtet.

➤ S. 35 f.

Erzähler: In einem literarischen Werk ist der Erzähler eine Instanz, durch die der Text vermittelt wird. Diese Instanz kann abstrakt und unsichtbar sein, wie in den Werken Flauberts und Fontanes, ihr kann aber auch durch eine der handelnden Personen im Text Gestalt verliehen werden, wie es in *Katz und Maus* mittels Pilenz geschieht. In diesem Falle spricht man von einem homodiegetischen Erzähler, der die Geschichte, in der er eine Rolle spielt, selbst vermittelt. Allerdings tut er das als entfernter, extradiege-

---

13 Siehe zum Beispiel S. 6: »oder einer von uns griff die Katze und setzte sie Mahlke an den Hals; oder ich, mit wie ohne Zahnschmerz, packte die Katze, zeigte ihr Mahlkes Maus«.

14 Siehe S. 77: »Bin nicht sicher, daß ich sofort, hätte sofort«.

tischer Erzähler, über den man erst in der Rahmenerzählung einiges mehr erfährt.[15]

➤ S. 56 f., 78 f.

Fokalisierung: Fokalisierung ist ein ebenfalls von Gérard Genette geprägter Begriff, der beschreibt, aus welcher Perspektive der Erzähler berichtet. *Katz und Maus* ist stark durch eine interne Fokalisierung durch den jungen Pilenz geprägt, d. h. der Erzähler beschreibt die Ereignisse aus der Sicht seines jungen Ichs. Dies hat zum Beispiel zur Folge, dass man sich die Figur des Mahlke zum Großteil nur aus ebendieser Perspektive erschließen kann und keinen unmittelbaren Einblick in Mahlkes Gedanken und Handlungsmotive erhält, über die nicht nur der junge Pilenz, sondern in der Folge auch der Erzähler Pilenz rätseln muss.

➤ S. 56 f.

Intertextualität: Von Intertextualität im engeren Sinne spricht man, wenn ein Text in einem anderen durch Zitat oder Anspielung präsent ist. In *Katz und Maus* werden zum Beispiel lateinische liturgische Texte zitiert. Eine Anspielung auf die Bibel besteht zum Beispiel dort, wo Mahlke als »Erlöser« (S. 39) bezeichnet wird.

➤ S. 39 f.

Magischer Realismus: Diese literarische Strömung tritt in Deutschland erstmals in den zwanziger Jahren des zwanzigsten Jahrhunderts auf. Der Begriff wurde zuerst in der

---

15 Die Unterscheidung zwischen den verschiedenen Erzählern und Erzählebenen ist keineswegs trivial. Im Falle der kunstvoll verschränkten Strukturen in *Katz und Maus* empfiehlt sich die Einarbeitung in die von Gérard Genette in *Die Erzählung* entwickelten Kategorien.

Malerei verwendet, setzte sich aber auch in der Literatur durch. Dort bezeichnet er das Aufeinandertreffen von Fantastik mit ausgeprägtem Realismus. Vor 1945 sind als Autoren des Magischen Realismus unter anderen Franz Kafka, Hermann Kasack und Alfred Kubin zu nennen. Nach dem Krieg, aber vor der Danziger Trilogie, werden Hans Henny Jahn und Hans Erich Nossack mit ihren magisch-realistischen Romanen bekannt. Außer in Europa ist der Magische Realismus vor allem in Südamerika sehr erfolgreich.

➤ S. 40 f.

Motiv: Der Begriff wird in der Fachliteratur nicht vollständig einheitlich eingesetzt. Immer aber handelt es sich bei einem literarischen Motiv um einen relativ kleinen semantischen Baustein. In *Katz und Maus* ist zum Beispiel jedes von Mahlkes Adamsapfel ablenkende Objekt, sei es eine Marienplakette, ein Schraubenzieher oder ein Ritterkreuz, Teil derselben Motivkette, die auf die Angreifbarkeit des Protagonisten und seine Versuche, sich zu schützen, verweist. In einem solchen Fall von wiederkehrendem Motiv, das den Gesamttext prägt, spricht man von einem Leitmotiv.[16]

➤ S. 37, 48–50

Novelle: Es handelt sich bei der Novelle um eine Prosaform, die von der Länge her zwischen Roman und Kurzgeschichte liegt. Je nach angewandter Novellentheorie verfügt die Novelle über einen dramenartigen Aufbau (Theodor Storm), ein Dingsymbol oder »Falken« (Paul Heyse), eine

16 *Katz und Maus* ist insgesamt reich an bewusst gesetzten Motiven. Siehe hierzu den Abschnitt »Die erste Szene« in Kapitel 6.

»sich ereignete unerhörte Begebenheit«[17] oder die Einbettung der Handlung in eine Rahmenhandlung (Martini). Letzteres Merkmal hat große Auswirkungen auf das Erzählverhalten in der Novelle.

➤ S. 30–38

Personales Erzählen: Beim personalen Erzählen schaut der Leser gewissermaßen durch die Augen einer in der Erzählung präsenten Person und wird Zeuge von deren Erleben, aber auch deren Denken und Bewerten. Dieses ist begrenzt durch die Wahrnehmungsmöglichkeiten des Erzählers, aber auch durch seine Fähigkeit zu reflektieren und seine Bereitschaft, Sachverhalte anzuerkennen oder einzugestehen. Vor allem letzterer Aspekt ist verantwortlich für die Zuverlässigkeit eines Erzählers.

➤ S. 36, 96

Prätext: Der Begriff Prätext geht auf den Literaturwissenschaftler Gérard Genette zurück. Er bezeichnet einen Text, auf den sich ein späterer Text bezieht. Im Falle von *Katz und Maus* ist Tucholskys Prosaskizze *Die Katze spielt mit der Maus* ein Prätext, aber auch das Buch Hiob aus dem Alten Testament. Die Nähe eines Textes zu einem seiner Prätexte kann unterschiedlich ausgeprägt sein.

➤ S. 9, 39 f.

Protagonist: Hauptperson der Erzählhandlung. Auch wenn in *Katz und Maus* der Fokus des Erzählens auf Joachim Mahlke liegt, er also fraglos als Protagonist zu gelten hat, ist Pilenz, der jede Aufmerksamkeit für seine Person abzu-

---

17   Goethe in einem Gespräch mit Eckermann im Jahr 1827.

lenken bemüht ist, zweifellos ebenso ein Protagonist, der seiner eigenen Geschichte.

➤ S. 58–60

Rahmenhandlung: Die Rahmenhandlung etabliert neben der eigentlich erzählten Geschichte eine zusätzliche Erzählebene. Auf dieser rechtfertigt der Erzähler, zumeist im Nachhinein, sein Erzählen und erzeugt den Eindruck von Authentizität, indem er entweder die Quellen der Erzählung benennt oder seine eigene Teilnahme an der Erzählhandlung behauptet.

➤ S. 7, 31, 34–36

Rezeption: Der Begriff bezeichnet die Aufnahme eines Werkes in der Öffentlichkeit, aber auch die geschichtliche Entwicklung von Lesarten. Urteile über ein Werk sollten immer auch unter Berücksichtigung des Umstands betrachtet werden, dass es in individuellen historischen und sozialen Kontexten rezipiert wird.

➤ S. 76–80

Stoff und Stoffgeschichte: Stoff im literarischen Sinn ist eine größere semantische Einheit auf der Handlungsebene. Damit grenzt sich der Stoff sowohl vom begrenzteren Motiv als auch vom umfassenderen Thema ab. Ein Stoff ist also zum Beispiel die Faustgeschichte oder die des Robinson Crusoe. Letztere hat ein eigenes Genre hervorgebracht, die Robinsonade. Die Geschichte von Katz und Maus reicht als literarischer Stoff weit zurück[18] und bringt noch heute neue Werke hervor. Außerdem ist das Katz-und-Maus-Spiel als Begriff redensartlich geworden.

➤ S. 9, 39 f.

18 Siehe Kapitel 5 »Quellen und Kontexte«.

Symbol: Hierunter sind alle diejenigen semantischen Einheiten in einem literarischen Text gefasst, die nicht nur für sich selbst, sondern für etwas anderes stehen oder darauf verweisen. So ist das Ritterkreuz in *Katz und Maus* zweifellos ein reales Objekt, gleichzeitig steht es aber für den Schutz, den Leistungsträger im Dritten Reich für sich erhoffen konnten. Mahlke erhofft sich Schutz auch von seiner Religion, auf die der eigentlich kriegerische Orden mit seiner Kreuzform verweist.

➤ S. 33, 37, 51